헤세와 융, 영혼의 편지

C. G. Jung and Hermann Hesse
by Miguel Serrano

Copyright © Daimon Verlag, Einsiedeln 1997
All rights reserved.
This Korean edition was published by ThinkingMap Publishing Co. in 2025 by arrangement with Daimon Verlag through KCC(Korea Copyright Center Inc.), Seoul.

이 책은 (주)한국저작권센터(KCC)를 통한 저작권자와의 독점계약으로 생각지도에서 출간되었습니다. 저작권법에 의해 한국 내에서 보호를 받는 저작물이므로 무단전재와 복제를 금합니다.

헤세와 융, 영혼의 편지

미구엘 세라노 지음

박광자 · 이미선 옮김

새긴지도

일러두기

1   이 책은 『El círculo hermético de Hesse a Jung』의 독일어판과 영어판을 원서로 하여 번역되었습니다.
2   각주는 옮긴이주이며 원주는 원주라고 따로 표시합니다.
3   원문에서 강조의 뜻으로 사용한 이탤릭체는 고딕체로 표기했습니다.
4   책은 국내에 출간된 경우 국내 제목으로, 출간되지 않은 경우 해외 제목을 번역해 싣고 원어를 병기합니다. 다른 매체도 같은 규칙을 적용합니다.
5   간행물 표기는 단행본과 정기간행물은 『』, 신문 및 주간지나 개별 문학 작품 또는 개별 예술 작품(음악, 영화 등)은 「」로 표기합니다.

1991년 개정판

서문

지난날에 대한 넘치는 그리움으로 이 책을 다시 읽어보았다.

    집필 이후 많은 세월이 흘렀고, 많은 후속판이 출간됐다. 미국에서만 스무 개의 판본이 나왔고 유럽 각국 언어로도 번역됐다. 페르시아어와 일본어는 물론이고, 네덜란드어와 그리스어 번역본까지 출간됐다. 내가 이 위대한 영혼의 모험을 경험한 후 여러 해가 흘렀다. 신비스러운 존재들과 만날 수 있었던 것은 참으로 엄청난 축복이었다. 나는 몬타뇰라에 헤르만 헤세의 거처로 마련되었던 유서 깊은 카사 카무치*에서 10년 동안 지내는 행운도 누렸다. 그곳은 상트페테르부르크 바로크 양식의 귀족 저택으로, 황금 언덕† 건

---

*   Casa Camuzzi. 카무치 가문의 저택인 이 건물은 원래 작은 성이었지만 헤세가 입주할 당시에는 폐허가 되어 있었다. 헤세는 1919년에 이 성의 한 채, 방 네 개를 보수해서 1931년까지 세 들어 살았다. 스위스의 티치노 주에 있고 현재는 일부가 박물관으로 사용되고 있다. 1931년 이후, 헤세는 의사이자 재력가인 친구 한스 보드머(Hans Bodmer)가 몬타뇰라 외곽에 지어서 평생 동안 빌려준 정원과 농지가 포함된 넓은 저택으로 이사했다.

†   흔히 여름 궁전이라는 이름으로 알려진 러시아의 페테르고프궁에 위치한 언덕. 분수대

축자 중 한 사람이 지었다. 발코니와 테라스가 알프스의 봉우리와 루가노 호수를 바라보고 있고, 입구는 클링조어*의 정원으로 이어진다.

동양과 서양에서 온 젊은 순교자들이 내가 쓴 『헤세와 융의 비밀 클럽』† 독일어판을, 그보다 많은 사람들이 영어판을 배낭에 넣고 이 문을 향해 걸어왔다. 그들은 내가 수년 전에 (사실은 20년도 더 전에) 걸었던 길을 한 발자국 한 발자국 되짚어 걸어왔다. 그들은 상황을 전혀 알지 못한 채 테이블에 앉아, 수년 전에 헤세가 그랬듯이 안내자 노릇을 하며 친절을 베풀고 있는 그 책의 저자와 얼굴을 마주하기도 했다. 나 역시 헤세를 만날 당시에는 젊은 순례자였다. 나에게 내세울 것이라고는 수년 전에 출간한 『산을 넘고 물을 건넌다 해도』‡라는 제목의 저서 한 권뿐이었다.

그 시절 이후 많은 것이 변했다. 몬타놀라의 길은 이제 흙길이 아니고 아스팔트가 됐다. 그리고 그 길을 걷는 순례자들도 달라졌다. 그들 대부분은 헤세를 왜곡된 힌두교나 마약 문화로 오염된 허

에서 본관으로 올라가는 언덕 일대를 말하며, 황금빛으로 칠해져 있다.
* Klingsor. 원래는 독일 중세 서사시 「파르치팔Parzival」에 등장하는 마법사의 이름으로, 노발리스의 『푸른 꽃』에도 등장한다. 1919년에 헤세는 『클링조어의 마지막 여름』(1920)이라는 소설을 썼다.
† *El Círculo Hermético de Hermann Hesse a C. G. Jung*. 이 책의 원서인 스페인어판의 제목. 1965년에 처음 출간됐고 1966년에 영어판이, 1997년에 영어 개정판과 독일어판이 출간됐다.
‡ 원제는 *Ni por mar ni por tierra...*. 1950년에 출간됐으며 부제는 '어느 세대의 역사'이다. 개인사와 칠레의 역사가 혼합된 책이다.

위 선전을 통해 알게 되었다. 그들에게 나는 헤르만 헤세의 진면목은 다르다는 것, 헤세가 오용되고 왜곡되고 있음을 알려주고자 한다. 내 말이 잘 받아들여지지 않으리라는 것, 소수의 사람만이 내 말을 받아들일 것을 나는 알고 있다. 하지만 나는 전 세대가 빠져든 심연에서 그들을 구하고 싶다. 헤세의 부인 니논 헤세*와의 기억은 그런 내 노력에 힘이 되어주었다. 우리의 마지막 인터뷰에서 부인은 헤세가 왜곡되지 않기를 바라며 노력 중이지만 현실은 절망적이라고 고백했다. 어느 캐나다 텔레비전 방송사에서 찾아와 부인에게 『황야의 이리』† 대본을 부탁했다는 것이다. 부인은 거절했는데, 헤세가 유서에서 자신의 작품이 영화화되는 것을 극구 반대했기 때문이다. 부인은 헤세의 자녀들과 문제가 있었다. 부인이 살아 있을 때는 헤세의 지시가 성실하게 지켜졌지만, 부인이 사망한 뒤에는 사정이 달라졌다.

내가 몬타뇰라에 머물던 어느 날, 헤세의 아들 하이너‡가 북미의 영화 제작자와 함께 나를 방문했다. 하이너 헤세는 그들에게 『황야의 이리』 영화 제작을 허락했고, 내 의견을 듣고 싶어 했다. 나는 하이너에게 아버지의 유언에 관해 물었고 니논이 했던 말을 상기시켰다. 그는 잘 알고 있다면서 유언장에는 "후손 중 누군가가 경제적인 곤궁에 처하는 경우 책 중에서 한 권을 영화화하는 데 동의

---

* Ninon Hesse(1895~1966). 헤세의 세 번째 부인으로 고고학과 미술사를 전공했다.
† 헤세가 1927년 발표한 작품으로 지식인의 아웃사이더적인 갈등을 서술하고 있다.
‡ Heiner Hesse(1909~2003). 헤세의 둘째 아들.

할 수 있다"는 추가 조항이 있다고 했다. 그에게 혹시 그런 상황이냐고 물었더니 그는 아니라면서 그저 "오늘날의 젊은이들에게 도움을 주기 위해서"라고 말했다. 그들은 나에게 대본을 주고 가면서 며칠 뒤 내 의견을 물으러 오겠다고 했다.

나는 대본을 읽어보고 『황야의 이리』의 주인공이 왜곡되어 있는 것에 깜짝 놀랐다. 다음번 만남에서 나는 그 문제를 지적하며 이런 식의 왜곡도, 영화 제작도 반대한다고 밝혔다. 하지만 하이너 혜세가 7만 달러를 받고 결국 일은 진행되었다. 그 영화는 완전히 실패했다. 북미 사람들과 정보 미디어가 보여주는 이런 분별력과 존경심의 결여, 무교양으로 인해 독일적인, 유난히도 독일적인 작가 혜세와 그 조국의 뿌리는 연결이 파괴됐다.

그 무렵 나의 저서 『혜세와 융의 비밀 클럽』은 상당한 명성을 누렸고, 대학 서클과 전문적인 심리학자들, 융 학파 그룹에서 이 책을 주로 읽었다. 호주 심리학협회는 나에게 회장과 회원 전원이 사인을 해서 보내주기까지 했다. 몇 년간 미국인들이 후원하는 심포지엄이 몬타놀라와 그 주변에서 열렸는데, 유럽과 미국의 작가, 대학 교수들이 참가했다. 나도 초청을 받았고, 두 차례에 걸쳐 강연을 했다. '니체와 영원 회귀'라는 제목으로 진행한 첫 번째 강연은 같은 제목의 책으로 출간되기도 했다. 이 강연을 나는 마드리드에 있는 어느 대학과 마드리드와 바르셀로나에 있는 스페인 문화원, 칠레의 대학 등지에서도 했다. 두 번째 강연의 제목은 〈미국에서의 혜세의 변형〉이었다.

이 강연에서 나는 헤세의 심오한 사상이 왜곡되어 그가 일종의 보헤미안, 히피로 알려지고 약물 문화, 원칙과 방법을 무시하는 평화주의 방랑자(헤세가 평화주의자라는 말은 맞는다), 더 나아가 양성애자로 왜곡되고 있음을 지적했다. 내가 강연에서 무엇보다도 강조한 것은 헤세가 독일 낭만주의 문학 전통에 뿌리를 두고 있다는 점과 노발리스, 횔덜린, 하인리히 폰 클라이스트, 그리고 헤세가 경탄해 마지않은 니체와의 연결 고리를 무시하고는 헤세를 제대로 이해할 수 없다는 점이었다.

헤세는 독일 낭만주의의 화려한 마지막 꽃으로 쇼펜하우어, 괴테(샤쿤탈라*의 찬미자였다)와 함께 동방으로 정신적인 대여행†에 나선 사람이었다(헤세는 독일 낭만주의에 관해 탁월한 글을 썼는데 없어진 지 오래되어 오늘날에는 완전히 잊혔다). 심리 분석을 받았던 카를 융의 영향으로 헤세는 양성성兩性性의 게르만적-신비적 꿈에 완전히 빠져들었다. 양성성이란 동성애와는 완전히 다른 것으로 그 목표는 대립적인 것의 통합과 일치, 니체가 말하는 '자기self', 내적 인간과의 통합이며, 싱클레어이면서 헤세가 사랑하고 매혹당했던, 일종의 코엘루스‡라 할 수 있는 데미안과의 통합,§ 또한 헤세의 가장

---

* Shakunthala. 힌두 신화 속의 인물로 바라타 왕세의 어머니이다.
† 헤세의 『동방순례』(1932)를 염두에 둔 말이다.
‡ coelus. 라틴어로 하늘, 공간, 공기의 뜻
§ 세라노는 헤세의 『데미안』을 융 심리학에 대입하여 주인공 싱클레어가 그의 〈자기self〉인 데미안과 하나가 되어가는 이야기로 이해하고 있다.

내밀한 자아ego, 나르치스와 골드문트의 통합이다. 헤세의 소설 『황야의 이리』의 여주인공 이름은 헤르미나로, 헤르만이라는 이름의 여성형이다. 이와 동일한 신비적-탄트라*적 유희로는 모차르트의 〈마술 피리〉에 등장하는 파미노와 파미나를 들 수 있다. 위대한 전통의 다른 독일인들과 마찬가지로 헤세는 모차르트와 바흐의 음악에 흠뻑 빠져 있었다.

헤세를 소비사회의 산물로 만들고, 그를 통해 그런 사회의 제식과 교리를 넓히려는 일군의 사람들이 있었다. 헤세는 칼리 유가†의 음침한 물결 속으로 끌려갔다. 하지만 수년 전 몬타놀라의 먼지 나는 길을 걸어갔던 칠레의 젊은이는 후에 인도 대사가 되어 다른 헤세를, 헤세의 참모습을 찾아 나섰다. 마치 참모습의 인도를 찾아갔듯이 영원한 사람, 사랑하는 사람, 불멸인‡을 찾고자 했다.

이 책에서 나는 아직도 그런 사람을 만난다.

1991년 6월, 칠레 발파라이소에서
미구엘 세라노

---

*   Tantra. 힌두교 경전
†   Kali Yuga. 기원전 3102년부터 43만 2,000년 동안 지속되는 힌두교의 네 번째 세상이자 말세로 오늘날 우리가 살고 있는 시대를 말한다.
‡   불멸인은 헤세의 『황야의 이리』에 나오는 개념으로, 갈등을 넘어선 초월적 존재이다. 헤세는 괴테, 모차르트, 부처 등을 이 개념에 포함시키고 있다.

목차

1991년 개정판 서문   5

헤세와의 만남

데미안	20
아브락사스	24
나르치스, 골드문트, 싯다르타	28
두 번째 만남	35
픽토르의 변신	43
아침	52
구지 선사	55
편지	62
마지막 만남	64
1961년 5월 7일 일요일	70
마지막 메시지	75

인도를 떠나고	78
나무	84
골드문트 조각상	85
꿈	89
브렘가르텐 축제	91
두 장의 편지	94

융과의 만남

남극에서	99
융 박사와의 첫 만남	104
1959년 5월 5일, 두 번째 만남	121
마법의 결혼식	129
야코비 박사와 함께	136
융 박사, 책의 서문을 써주다	140
아널드 토인비와 함께	148
융 박사로부터 마지막 편지를 받다	155
편지의 내용	162
또 다른 만남	183
죽은 자를 위한 일곱 가지 설교	192
작별	199
인도의 아침	210

꿈	215
신비한 일	217
우리 시대의 신화	222
결론	230

헤세와 융 그리고 세라노	232
헤세의 생애	235
융의 생애	240

몬타뇰라에서 만난 미구엘 세라노와 헤르만 헤세

새는 알을 깨고 나온다.
알은 곧 세계이다.
태어나려고 하는 자는
하나의 세계를 파괴하지 않으면 안 된다.
그 새는 신을 향해 날아간다.
그 신의 이름은 아브락사스라고 한다.

― 헤르만 헤세

헤세와의 만남

헤르만 헤세의 『픽토르의 변신』 육필 원고

1961년* 1월 22일, 나는 몬타뇰라에 있는 헤르만 헤세의 집을 방문했다. 우리는 함께 점심 식사를 했다. 창가에는 눈송이가 날렸지만 저 멀리 보이는 하늘은 밝고 쾌청했다. 경치에 시선을 돌리다가 나는 식탁의 저쪽 끝에 앉아 있는 헤세의 맑고 푸른 눈과 마주쳤다.

"어떻게 제가 이런 행운을 갖게 됐을까요?" 내가 천천히, 조심스럽게 입을 열었다. "멀리서 온 제가 어떻게 선생님과 한 식탁에 앉게 됐을까요?"

겨울 햇살에 감싸인 채 헤세는 말이 없었다. 그러더니 이렇게 말했다. "우연한 일은 없습니다. 이곳에 오신 손님들은 꼭 만나야 할 사람들뿐입니다. 비밀 클럽회원들이지요."

---

* 헤세는 1877년생이고 세라노는 1917년생이므로 40년의 나이 차가 있다. 1961년이라면 헤세 나이 84세로 헤세는 다음 해인 1962년에 세상을 떠났다.

데미안

1945년경에 나는 헤세의 작품을 처음 읽었다. 그때까지도 헤세는 칠레에서 거의 알려지지 않았고, 소수의 독자들만이 그의 작품을 읽고 간간이 이야기할 뿐이었다. 1946년에 헤세가 노벨문학상을 받자 그의 작품들은 여러 나라 언어로 번역되기 시작했다. 하지만 헤세의 작품은 몇몇 나라에서만 열렬한 환영을 받았다. 예컨대 영어권에서는 그를 우울하고 재미없는 작가로 여겼다. 이는 1991년 현재, 아직도 영어판 헤세 전집이 출간되지 못하고 있는 이유이기도 하다. 전에 나는 문학을 좋아하지만 헤세를 모르는 친구에게 선물하기 위해 인기 있는 헤세의 작품 중 한 권을 구하려고 런던을 며칠씩이나 헤맨 적이 있다. 반면 스페인어권은 사정이 전혀 달라서 헤세는 계속 많이 읽히고 있고, 스페인과 남미의 젊은이들은 그를 일종의 예언가로 여기고 있다.

어느 멕시코 화가가 나에게 『유리알 유희』*의 음악 명인과 크네히트를 그린 그림의 컬러 사진을 보내준 적이 있다. 피아노 앞에

교사가 앉아 연주를 하고 있고, 어린 크네히트가 바이올린을 함께 연주하는 그림이었다.† 『유리알 유희』에 매료된 그 멕시코인은 이 그림을 그려서 헤세에게 선물했다.

이런 열정에 나는 너무나 동감한다. 중요한 책을 찾기 위해서라면 나는 오늘도 세계를 반 바퀴 돌 수 있다. 책이 손안에 저절로 들어오기만 기다리면서 책을 찾지도, 열심히 읽지도 않는 오늘날의 열의 없는 젊은이들을 나는 이해할 수 없다. 책을 포기하느니 나는 먹는 것을 포기할 것이다. 나는 책을 빌리는 법이 거의 없다. 책이 온전히 내 것이기를 원하고, 낮이고 밤이고 나의 동반자가 되길 원하기 때문이다.

사람과 마찬가지로 책도 나름의 운명을 지니고 있는 것 같다. 책은 자기를 기다리는 사람에게 다가가서 딱 맞는 순간에 독자에게 나타난다. 그렇게 생명 있는 원료로 만들어진 책은 저자가 세상을 떠난 후에도 오랫동안 빛을 발한다.

나의 첫 번째 헤세 책은 『데미안』이었다. 『데미안』은 나에게 깊은 인상을 주었고 이전에는 결코 느껴보지 못한 감흥으로 나를 채웠다. 내가 읽은 책은 스페인어판으로 아마도 많은 오류가 있겠지만, 그럼에도 나는 이 책에서 넘치는 마력과 힘을 느꼈다. 헤세는 젊은 시절에 바덴의 베레나호프 호텔에 살면서 이 책을 썼다. 온 마

---

*   1943년 출간된 장편소설로 크네히트라는 유리알 유희 명인의 삶을 서술하고 있다.
†   『유리알 유희』의 제1장 「소명」에 등장하는 장면이다.

음을 다해서 쓴 이 작품은 수년이 흐른 지금도 생명력이 넘치고 강한 영향력을 미치고 있다.

얼마나 많은 독자들이 데미안으로부터 영향을 받았던가. 수많은 사람들이 그의 힘과 평정심을 닮고자 했다.『데미안』을 읽고 난 후 나는 내 고향의 거리를 몇 시간씩 걸으면서 내가 새로 태어났음을 느꼈으며, 내가 어떤 징표 혹은 메시지의 전달자같이 느껴졌다. 헤세는 나뿐 아니라 모든 세대의 사람들에게 작가나 시인 이상의 존재였다. 그의 작품이 지닌 마법은 지난날 오직 종교만이 파고들던 세계를 깊숙이 파고들었다는 데 있다.『데미안』외에도『동방순례』,『일기 모음』,『싯다르타』,『유리알 유희』,『황야의 이리』,『나르치스와 골드문트』가 나에게 오래도록 깊은 감동을 남겼다.

데미안이라는 인물 자체는 육체적인 존재가 아니다. 주인공인 싱클레어와 분리될 수 없는 까닭이다. 데미안은 싱클레어 자신, 그의 깊은 〈자기〉*, 우리의 심연에 내재하는 일종의 원형적인 인물이다. 다시 말해 데미안은 불변하고 본래적인 〈자기〉로, 헤세는 그를 통해 인간 존재의 마법적 본질에 관한 메시지를 전하고 있다. 데미안은 어린 소년 싱클레어로 하여금 내면에 내재하는 본래적 존재에 대해 인식하도록 함으로써 흔히 사춘기 시절에 겪게 되는 혼

---

* 앞으로 이 책에서 분석심리학, 특히 융 학파에서 말하는 자기(self)와 자아(ego)에는 〈 〉 표시를 하기로 한다. 〈자기〉란 의식과 무의식을 포괄하는 정신의 정체성, 전체 인격을 말한다. 〈자아〉란 생각, 감정 등을 통해 외부와 접촉하는 행동의 주체로서의 '나 자신'을 말한다.

란과 위험을 극복할 수 있게 도와준다. 우리도 종종 인생에서 데미안같이 강하고 젊은 사람들을 만나 그들에게 존경과 경탄을 보내기도 한다. 그러나 우리 모두의 내면에는 이미 데미안이 있다. 작품 결말에 야전 병원의 침대에 누워 있는 싱클레어에게 데미안이 나타나 키스하면서 이렇게 말한다. "잘 들어, 싱클레어, 내가 필요하게 되더라도 내가 말을 타거나 기차를 타고 올 거라 기대하지 마. 네 자신 속에서 나를 찾도록 해." 이 말을 헤세는 엄청난 개인적 고통 가운데, 즉 전 유럽을 뒤덮은 전쟁 때문에 조국을 버리려 할 때 썼다. 헤세 역시 자신의 내면에서 데미안을 찾아야만 했다.

물론 이런 메시지가 책에 명확하게 기술되어 있지는 않다. 마법적으로 암시되고 있을 뿐이다. 상징적 진실은 오직 직관을 통해서만 이해될 수 있다. 하지만 진실이 모습을 드러낼 때 그것은 당사자의 전 존재를 환하게 밝혀준다. 그것이 바로 수년 전 내가 고향의 거리를 걸으며 새로운 어떤 것이 내 삶으로 들어왔음을 느낄 수 있었던 이유이기도 하다.

아브락사스

삶에는 빛뿐 아니라 그림자도 있다. 하지만 우리는 그 사실을 받아들이지 않는다. 우리는 늘 빛과 높은 봉우리만을 향해 매진한다. 우리에겐 어린 시절부터 종교나 학교 교육을 통해 이상적인 세계에 부합하는 가치만이 주어진다. 현실 삶의 그림자는 무시되고, 서구의 기독교는 삶의 그런 면을 설명해줄 만한 어떤 것도 우리에게 제시하지 못한다. 그래서 서구의 젊은이들은 현실에서 맞닥뜨리는 빛과 그림자의 혼재混在에 대처하지 못한다. 그들은 절대에 대한 그들의 선입견과 현존하는 실재를 이어줄 아무런 이음새도 갖고 있지 못하다. 그 결과 보편적인 상징들과 삶을 이어줄 연결 고리가 끊긴 채로 분열이 발생한다.

 하지만 동양, 특히 인도에서는 사정이 완전히 다르다. 자연에 뿌리를 둔 고대 문명은 다양한 신의 세계를 그대로 수용한다. 그래서 동양인은 빛과 그림자, 선과 악의 동시적 현존을 수용할 수 있다. 그들에게 절대적인 것은 없고, 신도 무력하며, 악마 역시 마찬가지이다. 하지만 이러한 이해는 자연 자체에 대한 숭배로 이어진다. 그 결과 힌두인들은 서양인보다 덜 개인화되었다. 그들은 결코 자연을 넘어서는 존재가 아니며, 집단 영혼의 일부일 뿐이다.

오늘날 서양의 기독교인이 직면한 문제는 어떻게 개성을 잃지 않고 빛과 그림자, 신과 악마의 공존을 받아들일 수 있는가 하는 것이다. 그러기 위해서는 인격화된 그리스도 이전의 기독교, 그리스도 이래로도 지속적으로 활동하고 있는 신을 발견해야만 한다. 일찍이 공공연히 존재했고 지금 비록 우리 현대 문명에서는 깊은 바닷속에 가라앉기는 했어도 여전히 존재하고 있는 '아틀란티스*의 구세주'가 그런 신성神性에 해당된다고 할 수 있을 것이다. 신인 동시에 악마인 아브락사스Abraxas 역시 그런 신이다.

나는 아브락사스라는 이름을 『데미안』에서 처음 알게 되었지만 사실 아주 어려서부터 그 존재를 느끼고 있었다. 안데스산맥 가운데에서, 그리고 우리의 해안에 파도를 일으키는 태평양의 헤아릴 길 없는 심해에서 나는 그의 존재를 느꼈다. 이그니스 파투스†, 불길에 내재하는 천국과 지옥의 불꽃은 거품을 일으키는 파도 속에서도 빛을 발하고 있었다.

아브락사스는 그리스도 훨씬 이전부터 존재했던 그노시스파‡

---

* 아틀란티스는 플라톤의 저술에 등장하는, 수천 년 전 바닷속에 가라앉았다는 상상의 섬이다.
† ignis fatuus. 도깨비불, 귀신불을 의미한다.
‡ Gnosticism. 그리스어로 신비주의적이고 계시적인 지식, 깨달음을 가리키는 그노시스

의 신이다. 아브락사스는 아틀란티스의 그리스도에 비견될 수 있는데, 아메리카 원주민이나 칠레 인디언들은 그를 다른 이름으로 부른다. 헤르만 헤세는 아브락사스에 대해 이렇게 말한다.

> 불을 들여다보고 구름을 바라보게. 예감이 떠오르고 자네 영혼 속에서 목소리들이 말하기 시작하면 곧바로 자신을 그 목소리에 맡기고 물어보지는 말게. 그것이 선생님이나 아버지 혹은 그 어떤 하나님의 마음에 들까 하고 묻지 말게. 그런 질문이 자신을 망치는 거야. 그러다가 길 위에 올라서고 화석이 되는 거야. 이봐, 싱클레어, 우리의 신은 아브락사스야. 그는 신이면서 사탄이지. 그는 안에 밝은 세계와 어두운 세계를 가지고 있어. 아브락사스는 자네의 생각에도, 어떤 꿈에도 이의를 제기하지 않아. 절대로 그것을 잊지 말게. 하지만 자네가 언젠가 나무랄 데 없는 정상인이 되면 그때는 아브락사스가 자네를 떠나. 그때는 그가 자네를 떠나서 그의 사상을 담아 끓일 만한 새로운 그릇을 찾아간다네.*

오늘날의 기독교인과 일반적인 서구 세계는 위기 상황에 처

(γνῶσις)로부터 유래한 그노시즘을 말하며, 우리말로 '영지주의'라고 번역된다. 우주가 데미우르고스(데미우르크)라는 신에 의해 창조되었다고 주장한다.

* 『데미안』의 제6장 「야곱의 싸움」에서 오르간 연주자 피스토리우스가 싱클레어에게 하는 말이다.

해 있는데, 주어진 선택지는 별로 희망적으로 보이지 않는다.

우리는 과거의 역사에서 보았던 어떤 묵시록적 재앙도, 인간을 경시하여 우리 삶의 수준을 끝없이 하락시킨 동양의 비인간화의 길도 원치 않는다. 우리에게 주어진 유일한 가능성은 아마도 아브락사스, 즉 우리가 외면과 내면, 우리 안의 빛과 깊은 그림자를 우리의 영혼에 투사하는 것, 두 세계의 결합이 순수한 원형archetype과 만나게 되리라는 희망에 있다. 이 순수한 원형은 우리 안에 내재한, 마치 아틀란티스처럼 긴 세월 동안 우리 의식의 바닷속 깊은 곳에 가라앉아 있던 신의 진짜 모습이다. 그런 의미에서 아브락사스는 총체적 인간이라고 할 수 있다.

나르치스, 골드문트, 싯다르타

헤세의 작품을 아는 사람에게 나르치스, 골드문트, 싯다르타 같은 이름은 동일한 개념이다. 이들은 공통점을 지닌 인물들로, 헤세의 모든 작품은 동일한 모티프를 가지고 있다. 싱클레어와 데미안이 하나의 동일한 인물이듯, 나르치스와 골드문트는 인간 내면의 두 가지 본질적인 성향, 즉 묵상과 행동을 나타낸다. 마찬가지로 싯다르타와 고빈다 역시 서로 상반되는 특성, 즉 순응과 저항을 보여준다. 이런 성격은 우리 모두가 가지고 있는 것으로, 우리는 자신을 사랑하지만 이웃에 대해서도 또한 자애롭다. 우리는 내향성과 외향성 사이에서 분열을 일으키고 있다. 『유리알 유희』는 사랑, 연민, 이해라는 주제를 가지고 있는데, 헤세는 그것을 독일인들이 너무도 사랑하는 음악 형식인 푸가와 아라베스크에 담았다. 헤세의 사상은 힌두교와 중국의 도교, 선불교, 심지어는 수학에서도 영향을 받았는데, 이 모든 것이 하나의 형식으로 용해되어 바흐의 푸가나 레오나르도 다빈치의 그림처럼 순수하다.

내가 헤세를 처음 만났을 때 그는 골드문트보다는 나르치스처럼 보였다. 당시 그는 방랑 생활을 끝내고 몬타뇰라에서 내면적인 노년의 삶을 살고 있었다. 그럼에도 삶이 다할 때까지 나르치스와 골드문트는 그의 내면에 존재하고 있었다. 당시 나 자신은 아직도 두 인물 사이에서 방황하고 있었는데, 굳이 따지자면 일종의 골드문트였다. 싯다르타처럼 나 역시 여러 가지 이유로 현자賢者를 수차례 방문했다. 헤세를 처음 만나러 갔을 때 나는 배낭을 짊어지고 책 한 권을 들고 있었다. 나는 젊었고 그때가 나의 첫 번째 해외여행이었다.

내가 스위스에 도착한 것은 1951년 6월이었는데, 헤세의 거주지를 아는 사람이 거의 없었다. 한참을 수소문한 뒤에야 나는 그가 티치노 주에 살고 있다는 말을 들었다. 그래서 나는 루가노로 갔고, 거기서 카스타뇰라로 갔다. 버스를 타고 갔는데, 헤세가 몬타뇰라에 살고 있다는 얘기를 듣게 되었다. 나는 다시 버스를 타고 눈 덮인 알프스산맥과 루가노 호수가 눈앞에 펼쳐진 산속 마을로 향했다. 버스는 좁은 길을 올라가 목적지에 닿았다. 젊은 여성이 나와 함께 버스에서 내렸는데, 나는 혹시 헤르만 헤세의 집을 아느냐고 그녀에게 물었다. 그러자 뜻밖에도 자신이 바로 헤세 집의 가정부라면서 따라오라는 것이었다.

우리가 정원 입구에 도착했을 때는 이미 사위가 어두워지고 있었다. 정문 앞에는 '방문 사절'이라고 쓰여 있었다. 나는 키 큰 나무들 사이로 그녀를 따라갔다. 현관 앞에 서자 두 번째 명문銘文이 눈에 들어왔다. 후에 나는 그 글이 옛 중국 성현의 말씀임을 알 수 있었다.

맹자의 말씀

사람이 나이가 들어서 할 일을 다한 뒤에는 조용히 죽음과 친해져야 한다. 이제 그에게 사람은 필요 없다. 사람에 관해서는 잘 알고 있고, 충분히 보아왔다.
그가 필요로 하는 것은 고요함이다.
그런 사람을 찾아가서 말을 걸고, 잡담으로 괴롭히는 것은 현명하지 못하다.
그런 사람의 집 앞을 지나갈 때는 빈집을 지나갈 때처럼 그냥 지나치는 것이 좋다.

날이 너무 어두워 이 글은 읽기가 쉽지 않았다. 그녀가 현관으로 나를 데리고 들어가 어두운 복도에 있는 작은 테이블 앞에 의자를 내주면서 명함을 부탁했다. 나는 명함을 갖고 있지 않아서 내 책 『산을 넘고 물을 건넌다 해도』를 건네주었다. 나는 그 책에 특별히 헤르만 헤세를 위해 스페인어로 헌정사를 써 가지고 갔다.
그녀가 사라졌고 나는 수도원 같은 분위기 속에 앉아 있었다. 그러자 옅은 백단향* 향내가 나는 것 같더니 문이 열렸다. 어둠 속

---

* 열대지방에서 자생하는 나무로, 기름은 향수의 원료로 쓰인다.

에서 흰옷을 입은 호리호리한 사람이 나타났다. 헤세였다. 나는 일어나 그를 따라 커다란 창문이 있는 방으로 들어갔다. 그제야 나는 그를 제대로 볼 수 있었다. 헤세는 갸름한 얼굴에 밝고 빛나는 눈을 하고 있었다. 위아래로 흰옷을 입은 그는 고행자나 고해자처럼 보였다. 백단향의 향이 그를 에워싸고 있었다. 그가 미소 지으며 말했다.

"죄송합니다. 마침 좋지 않은 때에 방문하셨습니다. 우리는 어제 휴가를 떠날 예정이었는데, 아내가 그만 벌에 쏘여서 여행을 연기할 수밖에 없었지요. 여긴 지금 모든 게 뒤죽박죽입니다. 서재로 옮기는 것이 좋겠습니다."

우리는 천장 끝까지 책으로 들어찬 거실을 지나 좀 더 작은 방으로 들어갔다. 방 한가운데 말끔히 치워진 책상이 놓여 있었는데, 그 방도 벽이 온통 책과 그림들로 가득했다. 헤세는 창문을 등지고 앉았고, 나는 그를 마주 보고 앉았다. 저 멀리 산과 호수 위로 지는 태양이 보였다. 헤세는 침묵하고 있었지만 시종 부드러운 미소를 띠고 있었다. 평온한 분위기가 방 안 가득 채워지기를 기다리고 있는 듯했다.

나는 그 시간의 엄숙함에 매료됐다. 내가 당시에 얼마나 긴장했고 헤세와의 만남으로 나의 전 존재가 얼마나 전율했는지 지금도 기억난다. 나는 숭배하는 사람과 마주 앉은 것이다. 나는 그를 만나기 위해 바다를 건너왔고, 헤세의 진심 어린 환영은 나를 순례의 길로 접어들게 했던 그 감정에 부합하는 것이었다.

내가 볼 때 헤세는 시간을 초월한 것 같았다. 그때 그는 73세가 넘은 나이였다. 그럼에도 그의 미소는 젊은이의 미소였다. 그의 육체는 절제되고 영적靈的인 모습이었다.

"저는 먼 길을 왔습니다." 내가 말을 꺼냈다. "선생님께서는 제 고국에도 널리 알려져 있습니다."

"내 작품이 스페인어권에서도 그렇게 많이 읽힌다니 놀랍습니다." 헤세가 대답했다. "이따금 라틴아메리카에서 편지가 옵니다. 새로 나온 번역서, 특히 『유리알 유희』를 어떻게 생각하시는지 알고 싶습니다."

나는 『유리알 유희』에 관해 평소 생각하던 바를 이야기했고, 『나르치스와 골드문트』의 스페인어 번역본이 원본의 정신과 정서를 잘 전해주고 있는 것 같다고 말했다. 우리는 좀 더 일반적인 문제에 관해 이야기를 시작했다.

"나르치스와 골드문트는 영혼의 서로 상반된 두 가지 성격을 나타냅니다." 헤세가 말했다. "그것은 묵상과 행동으로, 이 둘은 언젠가 통합되어야 합니다."

"무슨 말씀인지 압니다." 내가 말을 이었다 "왜냐하면 저 역시도 극단적인 둘 사이를 오가며 긴장 속에서 살고 있으니까요. 한편으로는 묵상의 고요함을 꿈꾸는데 생활이 어쩔 수 없이 저를 행동으로 밀어붙입니다."

"하늘의 구름처럼 흘러가게 하십시오. 거부하지 마십시오. 신은 산과 호수에 계신 것처럼 당신의 운명 안에도 계십니다. 그것을 이해하기가 어려운 것은 사람이 자연에게서, 그리고 자신에게서 자꾸 멀어지기 때문입니다."

"동양의 지혜가 도움이 될 수 있다고 생각하시나요?" 내가 물었다.

"나는 우파니샤드 혹은 베단타*보다 중국의 지혜에서 더 많은 영향을 받았습니다." 그가 말했다. "『주역』이야말로 삶을 변화시킬 수 있습니다."

저녁 하늘이 점점 흐려지더니, 연한 푸른빛이 창에 물들어 헤세의 가냘픈 몸 위에서 나풀거렸다.

"선생님께서는 이곳 산속에서 평온을 발견하셨나요?" 내가 물었다. 헤세는 잠시 입을 다물었다. 입가에는 여전히 미소가 어려 있었다. 우리는 저녁의 고요한 속삭임과 사물의 침묵에 귀를 기울였다. 이윽고 그가 입을 열었다.

"자연에 가까이 있으면 신의 음성을 들을 수 있습니다."

한참을 그렇게 앉아 있다가 나는 내가 떠나야 할 때인 것을 느꼈다. 헤세는 자신을 그린 조그만 수채화 한 폭에 '몬타뇰라 기념'이라고 서명을 해서 주었다. 헤세는 그림 그리기를 좋아했고 훌륭한 수채화 화가이기도 했다. 그는 문까지 배웅해주며 오랜 친구처럼 나와 악수했다. "이곳을 다시 방문하게 되시면, 그때까지 내가

---

*   우파니샤드는 힌두교의 사상적 토대를 이루는 중요 문헌으로, 성전 『베다』의 4부문 중 최종 부문에 해당하기 때문에 '베다의 끝' 또는 '베다의 결론'이라는 뜻에서 '베단타(Vedānta)'라고도 불린다.

살아 있을지 모르겠습니다."

이것이 나와 헤세의 첫 만남이었다. 그날 오후에 내가 헤세에게 했던 질문, 혹은 싯다르타가 부처에게 했던 질문을 할 정도로 젊은 사람이라면 내가 받은 감명을 이해할 수 있을 것이다.

몬타뇰라의 좁은 길을 따라 돌아 나오면서 버스 한 대도 만나지 못해 난감하던 차에 어느 청년이 오토바이로 나를 루가노까지 태워주었다. 그날 밤 나는 르네상스의 매력으로 가득한 피렌체에 도착했다. 하지만 전쟁이 끝난 지 얼마 되지 않아, 이탈리아는 점령군의 달러와 알코올에 의지하고 있었다.

두 번째 만남

헤르만 헤세를 다시 만난 것은 그로부터 여러 해가 흐르고 나서였다. 하지만 그 수년 동안 우리는 계속 편지를 주고받았다. 헤세의 글은 대부분 암시적이고 미묘했다. 나는 우리의 기이한 관계에 놀라지 않을 수 없었다. 그러나 비록 여러 해 동안 만나지 못했고 대륙이 다르고 배경이 달라도 우리는 운명처럼 점차 친한 친구가 되어갔다. 세계적인 작가, 스승, 마법사*인 헤세는 지구 반대편의 작은 나라 출신인 젊은 무명 작가에게 기꺼이 손을 내밀어주었다. 그뿐만 아니라 말년에는 나를 친구처럼 대해주었다. "내 나이의 친구들은 다 떠나고 없습니다. 나한테는 이제 나보다 어린 친구들뿐입니다."

인도에 머물기 시작한 1953년부터 나는 헤세로부터 더 많은

---

* 헤세는 마술적(magisch)이라는 단어를 자주 사용했고 스스로를 마법사(Magier)라고 부르기도 했다. 마술적이란 '환상적, 주술적, 신비적, 비현실적'이라는 뜻이다.

편지를 받았다.* 고대 힌두의 지혜에 관해 많은 것을 알고 있는 헤세였지만 여전히 더 많은 것을 알고 싶어 한 까닭이다. 나는 외교관으로 인도에 와 있다는 말은 하지 않았는데, 지팡이와 배낭 차림으로 스위스를 방문한 첫 번째 순례 여행에서처럼 내가 그에게 계속 순례자로 남아 있기를 바랐기 때문이다.

    인도에서의 내 생활이나 체험은 『낙원의 뱀』†에 자세히 서술되어 있다. 나는 매해 헤세에게 무엇인가를 보냈고, 헤세로부터도 계속 무엇인가를 받았다. 그는 사진, 그림, 시 또는 책을 보내왔다. 한번은 티베트에 관해 쓴 그의 신문기사를 보내왔는데, 헤세의 이름 아래에 스페인어로 'saludos'(인사를 전합니다)라고 쓰여 있었다. 우리의 관계는 결코 문학적인 것이 아니었다. 그것은 시간과 공간의 제약을 넘어선 마술적인 만남이었다.

    몬타뇰라는 루가노 호수가 내려다보이는 곳에 자리 잡은 작은 마을로, 잘 정돈된 집들에 깨끗하고 좁은 길이 이어져 있었다. 이곳의 오래된 건물 가운데 몇 곳은 헤세가 티치노의 풍경을 그린 수채화 속에도 들어 있다. 수년 동안 헤세는 창밖으로 숲과 우거진 정원과 언덕이 내려다보이는 오래된 집 한 채를 빌려 기거했다.‡ 그 집의 발코니에서 그는 여름의 열기로 가득한 『클링조어의 마지막

---

*   헤세와 처음 만나고 2년 후, 1953년부터 10년 동안 세라노는 인도에서 칠레 외교관으로 복무했다.
†   *La Serpiente del Paraiso*(1963).
‡   서문에서 언급된 카사 카무치를 말한다.

여름』을 썼다.

나는 종종 그곳 정원의 계단에 앉아서 그 집의 발코니와 독특한 모양의 난간을 올려다보곤 했다. 그 집은 러시아 침공 당시 나폴레옹 군대가 고용했던 스위스 건축가가 지은 집이었다. 그는 나폴레옹 군대의 퇴각 후 모스크바 재건을 위해 남았는데 나중에 부자가 되어 스위스로 돌아왔다. 나는 그 아름다운 저택의 뜨겁고 건조한 여름날을 보았고, 저택이 눈으로 뒤덮인 모습도 보았다. 그리고 입구를 지키고 있는 플라타너스 나무에서 떨어지는 낙엽을 보았고, 봄이면 정원에서 새싹을 피우는 꽃도 보았다.

말년에 헤세는 언덕 위에 있는 다른 집, 과일나무와 그늘을 드리우는 나무로 가득한 정원이 있는 집에서 살았다. 그 집은 그가 죽을 때까지 거처할 수 있도록 헤세의 친구가 그에게 특별히 지어준 집이었다.* 그 집이 바로 우리의 첫 만남이 있었던 집이고, 여러 해가 지난 후 내가 다시 방문했던 곳이기도 하다.

이번에는 몬타뇰라로 가는 길에 티치노 주의 아름다운 도시 아스코나와 로카르노를 경유해서 갔다. 1959년 3월 1일로, 헤세를 처음 만난 지 8년이 지난 후였다. 당시 나는 인도 주재 칠레 외교관이었다. 이것은 새로운 육신이었다. 싯다르타가 다른 의상을 입고 그의 친구를 다시 만나러 간 것이다.

---

* 서문에 언급했듯 친구인 의사 한스 보드머가 헤세에게 과수원이 딸린 넓은 저택을 지어 빌려주었다. 이 집의 건축에는 부인 니논 헤세가 적극적으로 관여한 것으로 알려져 있다.

나는 한동안 마을의 좁은 길을 지나다가 어느 여관 앞에 차를 세웠다. 그곳에서 내 부탁으로 여관 주인 체카렐리 씨의 아내가 헤세의 집에 전화를 걸어 언제 방문할 수 있는지 문의해주었다. 그날 오후로 약속이 잡혔다. 헤세의 집까지 걸어가기로 한 나는 낯익은 문을 지나 커다란 창이 있는 방으로 들어갔다. 헤세와 다시 마주 앉았다. 헤세는 이제 여든 살이었다. 얼굴은 변한 것이 없었다. 하지만 미소에는 어딘가 슬픔이 깃들어 있었다.

이제 나는 예전에 방문했을 때와 같은 순례자는 아니었다. 아시아의 좋지 않은 기후와 그곳에서 보낸 바쁜 나날들이 내게 흔적을 남겼다. 하지만 나는 이 새로운 만남에 깊이 감동했다.

헤세 부인*이 방으로 들어왔는데, 헤세에 비해 훨씬 젊어 보였다. 행동이나 미소가 조심스러웠다. 헤세가 인도의 최근 일에 관해 물으면서 말문을 열었다. 그리고 자신이 인도를 방문했던 시절을 회상했다.

"인도인들은 위대한 민족입니다. 고난의 숙명을 타고난 것으로 보입니다." 헤세가 말을 이었다. "수년 전에 인도를 방문한 적이 있어요.† 그 여행은 할아버지와 아버지에 대한 경의를 표하기 위한 것이었죠. 외할아버지는 인도를 아주 잘 알고 계셨습니다. 인도에

---

* 세 번째 부인인 니논 헤세는 열네 살 때 헤세의 『페터 카멘친트』를 읽고 감동하여 편지를 보내기 시작했고, 한번 결혼에 실패한 후 헤세와 재혼했다. 헤세보다 20년 연하이다.
† 세라노가 착각한 것 같다. 헤세는 인도 여행이라는 이름으로 인도와 동남아를 향해 출발, 말레이시아까지 갔지만 열대기후와 건강상의 이유로 막상 인도에는 가지 못했다.

서 돌아오실 때 크리슈나*의 조그만 조각상을 하나 가져오셨는데, 그 조각상을 나는 아주 좋아했어요. 칼리다사 나트Kalidasa Nath 교수라는 친한 인도인 친구가 있는데 캘커타†에 살았지요. 아직 생존해 있는지 모르겠습니다. 인도에 돌아가시면 그를 찾아봐주세요. 혹 살아 있다면 안부 전해주십시오. 그 친구는 언젠가 로맹 롤랑과 함께 나를 방문한 적이 있습니다."

나는 그러겠다고 대답했다. 그리고 헤세를 위해 가져온 몇 가지 선물이 있다고 했다. 나는 백단향 향과 캉그라‡ 골짜기산産 작은 세밀화를 선물했다. 비가 오는데 두 여인이 길을 걷고 있는 그림으로, 한 여인이 다른 여인의 어깨 위에 다정하게 손을 얹고 있었다.

"아마 선생님의 『동방순례』§에서 순례단이 찾고 있는 파티마¶ 공주일 겁니다." 내가 말했다.

헤세가 미소를 지으며 그림을 응시했다. 그리고 그림을 부인에게 보여주며 친구의 어깨에 얹은 젊은 여자의 손을 가리켰다. "정말 아름다운 손입니다." 그가 나지막이 말했다. 나는 그림의 뒷면에

---

* Krishna. 인도 신화의 영웅 신으로, 세계를 관장하는 주신 비슈누(Vishnu)의 여덟 번째 화신이다.
† 현재의 콜카타.
‡ Kangra. 인도의 북쪽 히마찰프라데시주에 있는 지역.
§ 1932년에 발표한 상상적인 순례 이야기로, 헤세를 연상시키는 'HH'라는 주인공이 비밀결사에 가입하여 동방으로 순례 여행을 하는 이야기이다.
¶ Fatma/Fatme. 예언자 마호메트의 딸로, 그녀의 손이 천국의 문을 여는 열쇠라는 신화가 전해진다.

'헤르만 헤세에게, 상징의 세계로부터'라고 썼다. 그 구절을 헤세에게 가리키며 나는 말했다. "제가 이렇게 쓴 것은 선생님께서 상징과 허구 속에 사시면서 그것들을 작품 속에서 발전시키고 확장하시기 때문입니다."

헤세 부인이 방을 나가더니 포도주 한 병을 가져와 테이블 위에 놓았다. 헤세는 술병에 그림을 기대어놓고 한참을 바라보았다.

"저는 지금 로카르노에서 오는 길입니다." 내가 말했다. "그곳에서 융 교수님을 만났습니다. 그분도 상징에 매료되어 그것들을 해석하고 분석하시더군요. 저는 인도인들이 융 박사의 연구에 별로 관심을 갖지 않는 것을 늘 이상하다고 생각했습니다."

"인도는 상징을 해석하지 않습니다." 헤세가 말했다. "상징을 살지요. 그렇기 때문에 내 책 『싯다르타』가 인도에서 출간되기까지 20년이 걸린 것입니다. 힌두어, 벵골어, 그리고 다른 인도어로 번역된 지도 얼마 안 됩니다. 그리고 내 작품은 상징을 해석하지 않습니다. 인도인들이 그렇게 외면하는 것이 나한테는 일종의 '정신적 자기만족'으로 보입니다. 거기엔 어떤 힘이 깃들어 있습니다. 특히 모든 낯선 것이 금방 동화되어버리는 일본과 비교가 됩니다. 이런 '정신적 자기만족'은 필수적인 방어 메커니즘이라고 할 수 있지요."

"그렇습니다." 내가 말을 이었다. "인도는 억겁창생億劫創生 가운데 순환하고 있습니다. 오늘의 힌두 작가들은 아직도 경전의 전통 안에서 작업하고 있지요. 그들은 과거에, 그들 민족의 집단 무의식에 빠져 있어서 글쓰기는 그들에게 의례儀禮 같은 것입니다. 그런

점에서 그들은 작가라고 할 수 없습니다. 차라리 성스러운 임무를 수행하는 성직자라 할 수 있지요."

"그것이 바로 불교가 인도에서 사라진 이유이기도 합니다." 헤세가 대답했다. "불교는 이지적이어서 상상의 세계를 부정합니다. 그런데 융에 관해 말하자면 나는 융 박사가 상징을 해석하는 것을 매우 바람직하다고 생각합니다. 융은 거대한 산이고 비범한 천재입니다. 내가 그분을 만난 것은 상징을 해석하는 데 깊은 관심을 가진 한 친구를 통해서였습니다만, 그 후로 여러 해 동안 만나지 못했습니다. 다음에 그분을 뵙거든 '황야의 이리'[*]의 안부를 전해주십시오."

헤세가 유쾌하게 웃음을 터트렸다. 내가 말했다. "융 박사에게 〈자기〉를 어떻게 생각하시느냐고 물었더니 서양인들은 그리스도를 〈자기〉로 생각한다고 말씀하시더군요."

갑자기 헤세가 진지해졌다. 그는 침묵하면서 술병에 기대어 놓은 그림을 다시 한번 바라보았다. 이윽고 헤세가 부인을 보고 말했다. "우리도 칠레와 인도에서 온 친구한테 선물할 만한 것을 찾아봐요." 헤세 부인이 일어나서 미소를 보냈다. "마땅한 것을 이미 찾았어요." 부인이 벽을 둘러싼 서가 한쪽으로 가서 조그만 사다리를 놓더니 위쪽 책장에 꽂힌 책 한 권을 꺼냈다. 부인은 책을 남편에게 가져다주고 그의 뒤에 서서 헤세의 뒷머리를 부드럽게 마사지하기

---

[*] 『황야의 이리』를 쓸 당시 헤세는 종종 자신을 '황야의 이리'라는 별명으로 불렀다.

시작했다. 나는 문득 헤세가 관절염으로 고생하고 있으니 악수할 때 손을 너무 꽉 잡지 말라는 체카렐리 부인의 말이 생각났다.

헤세가 내게 책을 내밀었다. 그가 손수 고딕체로 쓴 책으로 직접 그린 수채화가 삽화로 들어 있었다. 책 제목은 『픽토르의 변신』*으로, 옛날 중국의 상자처럼 보이는 갑 속에 들어 있었다. 헤세가 책을 꺼내서 첫 장에 '칠레와 인도에서 온 손님에게'라고 썼다.

우리는 포도주를 한 잔씩 마셨다. 헤세는 고향 칼프의 유화를 보여주겠다면서 나를 식당으로 데려갔다. 그 그림에는 강의 다리가 그려져 있었다. 나는 그곳이 헤세가 강물을 내려다보며 골드문트와 싯다르타를 처음으로 구상했던 곳이라고 상상하며, 그 강이 모든 것을 바다로 싣고 가는 갠지스강과 비슷하다고 생각했다.

잠시 후 헤세가 방의 다른 쪽에 놓여 있는 돌로 된 흉상을 가리켰다. 헤세의 두상이었는데 친구인 어느 여성 조각가가 만든 것이었다. 헤세가 그 흉상에 손을 얹었다. 내가 물었다. "삶의 저 너머에 어떤 것이 존재하는지 아닌지 아는 것이 중요할까요?" 헤세가 말했다. "아닙니다. 그건 중요하지 않습니다. 죽는다는 것은 융이 말하는 집단 무의식으로 들어가는 것으로, 거기서 우리는 형상form, 순수한 형상pure form으로 되돌아갑니다."

석상을 조심스럽게 어루만지면서 헤세는 잠시 침묵했다.

---

* *Piktors Verwandlungen*. 1922년에 두 번째 부인 루트 벵거(Ruth Wenger)를 위해 쓴 동화로, 헤세는 이 텍스트에 손수 수채화 삽화를 그려 친구들에게 선물했다.

픽토르의 변신

그날 밤 체카렐리 씨의 여관에서 나는 헤세에게 선물받은 『픽토르의 변신』을 읽었다. 낙원으로 들어간 뒤 남자이자 여자인 나무 앞에 서게 된 '픽토르'라는 젊은이의 이야기였다. 놀란 픽토르가 나무를 쳐다보며 물었다. "당신이 생명의 나무인가요?" 나무는 아무 대답도 하지 않았고, 대신 뱀이 나타났다. 그래서 픽토르는 몸을 돌려 계속 길을 걸어갔다. 그는 사방을 하나하나 주의 깊게 관찰하며 즐겼다.

그러다가 다시 나무 한 그루를 보았다. 이번에는 태양이자 달인 나무였다. "혹시 당신이 생명의 나무인가요?" 그가 물었다. 해는 고개를 끄덕이며 환하게 웃었고, 달은 미소만 지었다. 픽토르 주변에는 어느새 들꽃이 가득 핀 숲이 펼쳐졌다. 픽토르에게는 꽃들이 모두 사람 얼굴을 하고 있는 것 같았다. 어떤 꽃은 환하게 웃고, 어떤 꽃은 이리저리 몸을 흔들었다. 움직이지도 웃지도 않는 꽃도 있었는데, 마치 내면에 파묻혀 자신의 향기에 빠져 있는 것 같았다.

세라노에게 주는 글귀가 적힌 『픽토르의 변신』 첫 장

『픽토르의 변신』에 실린 헤세의 삽화

노래를 부르는 꽃들도 있었는데, 어떤 꽃은 그리움이 가득한 라일락 노래를, 어떤 꽃은 짙푸른 자장가를 불러주었다. 어떤 꽃은 단단한 사파이어 눈을 하고 있었고, 다른 꽃은 픽토르에게 첫 사랑을 일깨워주었다. 또 어떤 꽃은 어릴 적 집 마당을 함께 거닐던 어머니의 목소리를 생각나게 했다. 거의 모든 꽃들이 유쾌하게 웃고 있었다. 꽃 하나가 픽토르에게 혀를 내밀었다. 자그마한 분홍빛 혀였다. 픽토르가 혀를 향해 몸을 구부리자 포도주나 꿀보다도, 여인의 키스보다도 더 강렬하고 씁쓰레한 맛이 났다.

이 꽃들 한가운데서 픽토르는 향수鄕愁와 두려움에 휩싸였다. 그의 가슴은 어느덧 그곳의 리듬에 맞춰 급히 뛰기 시작했다. 갑자기 그는 풀 위에 앉아 있는 새를 보았다. 그 새는 스펙트럼의 온갖 색깔을 형형색색으로 반사하는 공작의 깃털을 달고 있었다. 새의 아름다움에 매혹된 픽토르가 새에게 물었다. "행복은 어디에 있지?"

"행복? 행복은 어디에나 있어. 산에도 계곡에도, 모든 꽃 속에도 있어." 새가 말했다.

새는 목을 길게 빼고 깃털을 털더니 뒤돌아 앉아 꼼짝도 하지 않았다. 갑자기 픽토르는 그 새가 꽃으로 변한 것을 알았다. 새의 깃은 잎이 되고, 발톱은 뿌리가 되었다. 픽토르는 놀라서 내려다보았는데 갑자기 꽃이 잎을 흔들기 시작했다. 자신의 모습에 싫증이 난 꽃은 나비가 되어 공중을 날면서 불꽃 같은 색깔로 변했다.

픽토르의 놀라움은 더해갔고, 이 행복한 새-꽃-나비는 그의 주변을 맴돌더니 잠시 후 눈송이처럼 미끄러져 내려와 픽토르의 발밑에서 파르르 떨기 시작했다. 그러더니 날개를 퍼덕이며 갑자기 진홍색 수정으로 변했다. 수정은 풀밭 위에서 환상적인 빛을 발했다.

픽토르가 바라볼수록 수정은 점점 더 땅속으로 사라지는 것 같았다. 수정이 땅속 깊이 사라질 찰나에 그는 간신히 그것을 잡을 수 있었다. 픽토르는 수정을 소중하게 손에 꼭 쥐었는데, 수정이 세상의 위험으로부터 자신을 보호해줄 부적같이 느껴졌기 때문이다. 그때 근처에 있던 나무에서 뱀이 미끄러져 내려와 픽토르의 귀에 속삭였다. "이 보석은 네가 원하는 대로 변신하게 할 수 있어. 보석이 사라지기 전에 빨리 소원을 말해."

기회를 놓칠까 봐 겁이 난 픽토르는 보석에게 은밀한 주문을 속삭였고, 갑자기 한 그루의 나무로 변했다. 픽토르는 늘 나무가 되고 싶었다. 나무의 힘과 침착함에 탄복했기 때문이다. 나무가 된 그는 곧 뿌리가 땅속으로 뻗어 내리고, 가지가 하늘로 펼쳐지는 것을 느꼈다. 나무의 몸통에서 새로운 나뭇가지와 잎사귀들이 솟아났고, 그는 만족스러웠다. 목마른 뿌리는 땅에서 물을 빨아올렸고, 나뭇가지는 시원한 바람에 살랑거렸다. 나무껍질 안에는 곤충들이 살았고, 고슴도치 한 마리가 그의 발밑에 집을 지었다.

낙원의 숲속에 서서 픽토르는 주변에서 일어나는 끝없는 변신을 볼 수 있었다. 그는 꽃들이 보석으로 변하고, 보석이 다시 새로 변하는 광경을 보았다. 곁의 나무가 갑자기 개울로 변하는 것을 보았다. 어떤 것은 악어가 되고, 어떤 것은 물고기가 되어 즐거움과 행복에 겨워 물속에서 헤엄쳤다. 모든 피조물들이 이런 변신 놀이에 참여하고 있었다. 코끼리가 바위가 되고, 기린은 커다란 꽃나무가 되었다.*

이런 모든 변신 가운데 픽토르만 한결같은 모습을 하고 있었다. 그는 자신의 상황을 알아채기 시작했다. 그는 행복을 잃고 조금씩 늙어갔다. 그리고 많은 고목들처럼 지치고 멍한 모습으로 변해갔다. 그런 현상은 나무에만 국한된 것이 아니었다. 말과 개 그리고 사람들까지 변신이라는 재능을 잃어버리면 시간과 더불어 허물어져 아름다움을 잃어갔다. 그러다가 슬픔과 비애 속에서 삶을 끝내게 된다.

어느 날 푸른 원피스를 입은 금발 소녀가 낙원에서 춤을 추다가 길을 잃었다. 노래하고 춤추며 소녀는 이리저리 돌아다녔다. 숲의 모든 존재들이 그녀에게 시선을 보냈다. 덤불은 그녀를 향해 가지를 뻗었고, 나무는 소녀에게 과실을 떨구어주었다. 하지만 소녀는 관심을 보이지 않은 채 픽토르가 있는 곳, 나무가 서 있는 벌판까지 오게 되었다. 소녀를 보자 픽토르는 향수를 느꼈고 더 늦기 전에 행복을 잡아야겠다는 강한 욕망이 일어났다. 마치 자신의 전 존재가 자신에게 존재의 의미에 집중하고 그것을 의식하도록 요구하

---

* 이 동화는 시간의 동시성에 대한 마술적 시간 체험을 보여준다. 동시성이란 융 심리학에서 이야기하는 개념으로, 장자의 호접지몽(胡蝶之夢, 나비의 꿈)을 연상시킨다.

는 것 같았다. 픽토르는 자신의 전생을, 낙원으로 들어오기 전의 삶을 회상했다. 그는 마술 보석을 얻었을 때의 일을 떠올렸다. 그로 인해 모든 변화가 가능했고 자신이 아직도 살아 있기 때문이었다. 픽토르는 새와 태양이자 달인 나무를 떠올렸고, 뱀의 권유가 얼마나 치명적이었는지도 깨닫게 되었다.

    소녀는 픽토르의 잎사귀와 나뭇가지가 쉬지 않고 흔들리는 것을 보았다. 픽토르를 바라보면서 소녀는 이상하게도 마음이 설레는 것을 느꼈다. 나무 그늘에 앉자마자 소녀는 곧 나무가 외롭고 슬프다는 것을 알았고, 동시에 나무의 외로움 속에는 무언가 소중한 것이 숨어 있음을 알았다. 거친 나무줄기에 몸을 기댄 채 소녀는 픽토르의 몸에서 일어나는 동요를 감지할 수 있었고, 그녀 또한 알 수 없는 열정으로 전율하기 시작했다. 그녀는 울음이 났고 눈물이 옷을 적시자 왜 이렇게 고통스러운지 스스로에게 물었다. 외로움 속에서 그녀는 그 쓸쓸한 나무에 대한 연민으로 팔을 뻗었다. 그녀의 마음을 감지한 픽토르도 온 힘을 다해 그녀에게 다가갔다. 픽토르는 이제 뱀의 유혹이 얼마나 끔찍한 것이었는지, 자신이 얼마나 어리석었는지 알게 되었다. 외로운 한 그루의 나무인 그는 이제 남자이면서 여자인 나무의 모습에 사로잡혀 있었다.

    그 순간 붉은 날개를 가진 녹색의 새 한 마리가 날아와 나무 주위를 맴돌았다. 소녀는 새가 날아다니는 것을 바라보다가 새의 부리에서 반짝이는 무언가가 땅에 떨어지는 것을 보았다. 소녀가 몸을 숙여 집어 든 그것은 루비였다. 소녀가 그 돌을 집어 든 순간 그녀를 괴롭히던 혼란과 상념이 사라지고 단 한 가지 욕망으로 가득해졌다. 그 희열의 찰나 속에서 소녀는 나무와 하나가 되었고 하늘을 향해 뻗은 새로운 나뭇가지로 변했다.

이제 모든 것이 완전하고 세상은 제대로 되었다. 낙원을 찾은 것이다. 픽토르는 더 이상 외로운 고목이 아니었고 완벽하게 완성되었다. 그리고 픽토리아라는 새로운 이름을 갖게 되었다. 그는 큰 소리로 똑똑하게 '픽토리아!'라고 소리쳤다. 이 말은 '빅토리아' 또는 '승리'를 뜻하기도 했다. 마침내 그는 변했고, 영원한 변신의 진리를 알게 되었다. 왜냐하면 이제 그는 절반에서 하나가 되었기 때문이었다.

이제 그는 원하는 대로 얼마든지 변신할 수 있었다. 지속적인 창조의 힘이 그의 내면에서 솟구쳤고 그는 자신이 별이나 물고기, 새, 구름으로 새롭게 태어날 수 있다는 것을 알았다. 어떤 형태라 해도 그는 완전할 수 있었고, 어떤 형태에서도 쌍으로 존재할 수 있었다. 그는 자신 안에 해와 달을 동시에 가지고 있었고, 남자이자 동시에 여자였다.*

그날 밤 나는 몬타뇰라에서 책을 다 읽고 삽화를 다시 한번 들여다보면서 헤세 자신이 1년 전에 쓴 구절이 떠올랐다. "어떤 사람은 늙어서 어린 시절의 낙원과 같은 세계를 다시 한번 체험하는 은

---

*   이 동화는 동시성과 함께 단일성의 개념도 시각적으로 보여주고 있는데, 단일성이란 서로 대립되어 보이는 두 개의 세계, 예컨대 지성과 감성, 남성과 여성, 선과 악이 혼재한다는 개념이다.

총을 얻게 됩니다." 나에게는 이 말이 저 의미심장한 픽토르 이야기를 이해할 열쇠로 보였다. 그것은 다시 찾은 낙원의 모습이었다. 그리고 그날 오후에 헤세가 돌로 된 흉상에 손을 얹고 했던 말, "우리는 형상으로, 순수한 형상으로 되돌아갑니다"라고 했던 말이 이해가 됐다.

아침

이튿날 아침 나는 정원에서 루가노 호수의 일출을 보려고 일찍 일어났다. 그리고 헤세의 저택을 향해 천천히 걸어갔다. 정원에 도착했을 때는 태양이 지평선에 떠 있었다. 놀랍게도 헤세는 이미 챙 넓은 밀짚모자를 쓴 채 잡초를 태우고 있었다. 나를 보자 헤세가 문을 열어주었다.

인사를 나누고, 나는 가지고 간 『픽토르의 변신』에 관해 이야기를 꺼냈다. 그가 책을 받아들었고, 우리는 함께 삽화를 들여다보았다. 내가 감탄했다고 말하자 헤세가 유쾌하게 웃으며 말했다. "수정, 새, 나비, 모든 게 있지요. 하지만 천지창조 때처럼 일순간입니다."

"그렇다면 픽토르는요?" 내가 물었다.

"픽토르는 그 모두를 포함합니다. 그는 그 모두이고, 그것 이상이기도 합니다."

"그렇다면 그가 싯다르타의 강이란 말씀인가요? 마야*의, 모든 형상들의 영원한 강인가요?"라고 내가 물었다.

"네, 그리고 황야의 이리이기도 합니다. 어떤 사람들은 내가 『황야의 이리』와 『싯다르타』 둘 다를 쓸 수 있었다는 것을 이해하지 못합니다. 두 작품은 서로를 보완합니다. 그 둘은 우리가 그 사이를 왔다 갔다 하는 삶의 양극인 셈이지요."

이야기를 잠시 멈춘 헤세는 다시 삽화를 들여다보면서 자신에게 말하듯 중얼거렸다. "방문하셨던 어제가 내 아들[†]의 쉰 번째 생일이었지요."

나는 헤세에게 작별 인사를 하고 언덕을 걸어 나왔다. 그리고 어느 나무 아래 풀밭에 몸을 뉘었다. 나는 변신의 돌을 찾기라도 하듯 풀밭을 손가락으로 훑어보았지만 아무것도 발견할 수 없었다.

얼마 후 아까 내려온 그 길로 다시 올라가니 헤세는 여전히 정원에서 잡초를 태우고 있었다. 연기에 휩싸인 헤세는 마치 고대의 의식을 수행하고 있는 사람처럼 보였다. 그때 누군가가 정원에 나타났다. 헤세의 부인이었다. 어깨에는 바구니를 하나 둘러메고 있었다. 부인이 멀리서 헤세를 보고 다가와 재빨리 백발을 쓸어 올려 주었다. 여든 살 남편에게 항상 아름다운 여성이고자 이 성숙한 여인의 몸짓에는 사람을 감동시키는 무언가가 있었고, 그것은 두 사

---

*   maya. 끊임없이 변하는 무상한 허깨비 같은 현상을 깨닫지 못하고 그것을 실체로 착각하는 무지(無知).
†   셋째 아들 마르틴을 말한다. 헤세는 첫 번째 결혼에서 아들 세 명(브루노, 하이너, 마르틴)을 두었다.

람 사이의 관계의 깊이를 말해주었다. 나는 그 자리를 떠났지만 두 사람은 정원을 함께 걷고 있었다. 부인이 앞서 걸어가면 헤세가 잡초를 뽑아 바구니에 넣으면서 뒤를 따라갔다. 나는 그 모습이야말로 고대 중국 현인들의 삶일 것이라고 생각했다. 실제로 헤세는 고대 중국의 철학자, 혹은 헤세의 작품에 나오는 현명한 나무처럼 보였다. 내가 그들의 집을 다시 지나쳐 가자 헤세는 나를 보고 돌아서서 그 커다란 모자를 흔들어 인사했다.

구지 선사

그로부터 2년 후 나는 인도에서 출간한 나의 저서 『시바 여왕의 방문』*을 가지고 다시 몬타뇰라로 갔다. 1961년 1월 22일, 일요일이었다. 마을은 온통 흰 눈으로 덮여 있었다. 나는 전처럼 헤세가 전에 살던 옛집부터 먼저 찾았다. 그 집의 커다란 플라타너스 나무가 눈의 무게에 휘어져 있었다.

그런 다음 나는 헤세가 현재 살고 있는 집을 향해 천천히 언덕을 올라갔다. 걷기가 쉽지 않았다. 자동차 소리가 들려와 나는 길옆으로 비켜섰다. 가까이 온 차가 내 옆에 멈췄다. 서리 낀 차창 안에서 누군가가 손을 흔드는 것이 보였다. 헤세였다. 운전석에는 부인이 앉아 있었다. 나는 그 차에 탔고 차는 달리기 시작했다. "시내에 갔다가 오는 길입니다." 헤세가 말했다. "거기에서 보여드릴 만한 것을 가져왔습니다." 헤세가 「노이에 취리허 차이퉁」 한 장을 내밀

---

*   *Las visita de la Reina de Saba*(1960)

었다. 일요 특별판에 헤세의 시가 실려 있었다. "이 시가 아마 오늘 나한테 하실 것 같은 모든 질문에 대한 답이 될 겁니다."

곧 집에 당도했다. 낯익은 거실로 들어가 마주 앉았는데 헤세는 2년 전에 비해 다소 수척해 보였다. 나는 신문을 받아 들고 시를 읽었다.

치켜든 손가락

사람들이 말하길 구지 선사*는
조용하고 부드럽고 너무도 겸손해서
말씀도 가르침도 전혀 없었다고 한다.
말이란 가상이기에, 일체의 가상을
피하는 데 그분은 전력했다.
제자, 수도승, 수련자들이
세상의 의미, 최고의 선에 관해
고귀한 말과 영혼의 섬광에 빠져들 때도
그는 묵묵히 바라보기만 했고
과하지 않도록 조심하면서
침묵으로 일관할 뿐이었다.

---

* 구지 선사(俱胝禪師)는 중국 당나라 시대에 무주 금화산(金華山)의 유명한 스님으로, 누가 와서 무엇을 묻든 묵묵히 손가락 하나만을 들어 보였다는 일화로 유명하다.

사람들이 와서 공허한, 혹은 진지한 질문으로
옛 경전의 의미에 관해, 부처의 이름에 관해,
깨달음에 관해, 세상의 시작과 종말에 관해
물어도 그는 여전히 침묵만을 지키며
묵묵히 손가락 하나를 치켜들 뿐이었다.
그리고 침묵으로 일관한 그의 손가락은
점점 더 진지하고 점점 더 위협적인 것이 되었다.
그것은 가르치고, 칭찬하고, 벌주면서
세상과 진실의 정곡을 겨냥했다. 그 후로
많은 젊은이들이 그분 손가락의 조용한
치켜듦을 이해하고, 전율하며 깨우쳤다.

이 시를 다 읽은 후 나는 헤세를 바라보았다. 그는 손가락을 치켜들고 있었다. 한동안 우리는 조용히 눈 내리는 창밖의 풍경을 지켜봤다. 이윽고 헤세가 정적을 깨며 입을 열었다. "말이란 가면입니다." 그가 말을 이었다. "말이 진정한 의미를 표현하는 일은 흔치 않습니다. 말은 오히려 진정한 의미를 숨기는 경향이 있어요. 환상 속에 살면 종교가 필요 없습니다. 왜냐하면 환상을 통해서 죽음 후에 사람이 다시 우주로 돌아간다는 것을 알 수 있으니까요. 삶의 저편에 무언가가 과연 있는지 없는지 아는 것은 중요하지 않다는 점을 다시 한번 말하고 싶습니다. 올바르게 행하는 것이 무엇보다 중요합니다. 그렇게 할 때 만사 또한 올바르게 됩니다. 나에게 우주나 자연은 다른 사람들이 말하는 신과 같은 것입니다. 자연을 인간의 적, 정복해야 할 대상으로 생각하는 것은 잘못입니다. 우리는 자연을 어머니로 보아야 하고, 우리 자신을 신뢰하면서 자연에 맡겨야 합니다. 그런 태도를 갖게 되면 다른 존재들이나 동물, 식물처럼 우리 역시 우주로 되돌아간다는 것을 쉽게 느낄 수 있습니다. 우리 모두는 전체의 작은 일부분일 뿐입니다. 거부하는 것은 의미 없습니다. 우리는 이 거대한 흐름에 몸을 맡겨야 합니다."

"그러면 개인적인 페르소나*에 대해서는 어떻게 생각하시나요?" 내가 물었다. "그것은 항상 저항하고 거부합니다. 서양 기독교 세계에서 볼 수 있는 개인성individuality이 동양에는 존재하지 않습니다. 페르소나란 제가 보기에 사랑과 마찬가지로 기독교의 산물이고, 사랑은 페르소나의 부차적 산물입니다. 개인성이란 것이 존재하지 않으면 사랑도 존재하지 않습니다. 진정으로 열정적인 사랑 말입니다."

헤세는 내 말에 공감하는 것 같았다. 그래서 나는 말을 이었다. "그와 마찬가지로 아름다움, 적어도 개성화된 아름다움의 개념 역시 페르소나의 산물입니다. 몸짓의 아름다움, 또는 개인적 삶의 아름다움, 유럽의 거리나 광장, 성당의 아름다움도 모두 마찬가지입니다. 물론 자연도 아름답지만 그것은 다른 종류입니다. 동양의

---

* persona. 원래는 고대 그리스 가면극에서 배우들이 썼던 가면을 말한다. 현대 심리학에서는 개인이 사회생활 중에 겉으로 드러내는, 자신의 본성과는 다른 태도나 성격으로 사회의 규범과 관습을 내면화한 것이다.

사원이나 건축물을 보면 그런 것을 잘 알 수 있습니다. 동양의 사원이나 건축물도 아름답지만 그건 폭포나 숲의 아름다움처럼 완전히 비개인적인 방식의 아름다움입니다. 제가 아는 스와미* 중에는 피렌체의 아름다움에 별 관심이 없는 사람들이 있습니다. 동양에는 페르소나라는 개념이 없고, 그곳에선 개인적인 것을 서양의 사랑 개념과 마찬가지로 잘 이해하지 못하는 것 같습니다. 비판하는 것이 아니라 사실을 말하는 것입니다. 우리들 서양인에게 페르소나의 개념은 병폐의 근원, 생존의 저주인 것 같습니다."

나는 잠시 말을 멈추고 헤세가 자신의 작품 『싯다르타』에 관해서 했던 말, 특히 그 작품이 처음 출간되고 20년이 지나서야 인도에서 출간되었다고 했던 말을 생각했다. 아직도 대다수 정통 힌두인들은 이 작품을 고대 동양의 지혜를 기독교적 관점에서 성공적으로 재생산한 잘못된 작품으로 보고 있었다. 작품 『싯다르타』는 개성화한 어느 영혼의 드라마로 주인공 싯다르타의 인생 후반의 행동은 이성적 사고의 결과라는 것이다.

"힌두인들의 정신 세계가 아직도 『베다』†와 『바가바드기타』‡ 주변을 맴돌고 있다는 것은 흥미로운 일입니다. 그들은 새로운 것을 만들어낸 적이 없습니다. 현대 인도의 추상화가들조차 『라마야

---

*   swami. 힌두교 종교 지도자.

†   Veda. 베다 시대(기원전 1500년~기원전 500년) 브라만교의 경전이자 문헌이다. 베다 산스크리트어로 기록된 것으로 힌두교의 가장 오래된 경전이다.

‡   Bhagavad Gita. 힌두교 경전. '성스러운 신에 대한 노래'라는 뜻.

냐』*를 재해석하는 데 그치고 있습니다." 내가 말했다.

"그건 아주 좋은 일입니다." 헤세가 말했다. "그것이 바로 힌두교의 절대적인 힘입니다. 힌두교는 단 한 가지 길만을 따릅니다. 집중하고, 분열에 맞섭니다. 잊지 마십시오. 너무 많이 떠맡는 것은 좋지 않습니다. 그리고 영국인들이 유럽의 사상이 힌두어로 번역되는 것을 허용하지 않았기 때문에 힌두인들이 독서를 많이 못 했다는 것도 생각하십시오. 내가 보기에 마음속으로 서양을 변호하시려는 것 같은데, 그건 아마도 오늘날 서양이 패자이고 동양이 새롭게 일어나고 있기 때문인 것 같습니다."

"아닙니다." 내가 말했다 "절대로 아닙니다. 저는 절대로 동양보다 서양에 애정을 더 많이 갖고 있지 않습니다. 저는 동양에도 서양에도 속하지 않습니다. 저는 남미 사람으로, 두 세계 사이에 끼어 있다고 생각합니다."

헤세가 구지 선사처럼 손가락을 치켜들며 말했다. "말이란 가면임을 잊지 마십시오"

그때 마침 헤세 부인이 들어와 식당으로 자리를 옮길 것을 권했다. 식당에는 불이 환하게 켜져 있고, 한쪽 벽면에 헤세의 고향 칼프의 풍경화가 걸려 있었다. 헤세의 친구였던 돌아가신 이 집 주인†의 아내 보드머 부인도 와 있었다. 헤세가 점심은 힌두식이라고

---

*   Ramayana. 고대 인도의 힌두교 대서사시로 2만 4,000개의 시구로 되어 있다.
†   의사이자 수집가인 한스 보드머를 가리킨다. 부인은 엘시 보드머(Elsy Bodmer)이다.

말했다. "어렸을 때 우리는 칼프에서 일요일이면 카레를 먹었습니다. 내 조부와 부친께서는 인도를 아주 잘 알고 있었지요. 그분들한테서 나는 크리슈나 신에 대한 사랑을 배웠습니다."

티치노산 포도주로 헤세와 나는 함께 축배를 들었다. 한낮의 햇볕이 유리잔에 닿아 반짝이면서 식탁보에 형형색색의 빛을 수놓았다. 헤세는 테이블 저쪽 끝에 앉아 손에 잔을 든 채 명상에 잠긴 듯 보였다. 식탁보에 반사된 약한 빛 덕분에 그의 푸른 눈이 더욱 푸르게 보였다. "어떻게 이런 행운을 갖게 되었을까요?" 내가 천천히, 조심스럽게 입을 열었다. "멀리서 온 제가 어떻게 선생님과 한 식탁에 앉게 되었을까요?"

겨울 햇살에 감싸인 채 헤세는 말이 없었다. 그러더니 이렇게 말했다. "우연한 일은 없습니다. 여기 오신 손님들은 꼭 만나야 할 사람들뿐입니다. '비밀 클럽' 회원들이지요."

나는 그의 말이 그냥 하는 말이 아니라 상징의 깊은 세계에서 우러난 말임을 느꼈다. 나는 전에 싯다르타가 고빈다에게 말했듯이 나의 방랑과 여행이 헤세를 통해서 의미를 갖게 되었음을 느꼈다. 나는 침묵하며 그를 바라보았다. 구지 선사가 다시 손가락을 치켜들고 있는 것 같은 느낌이었다.

편지

인도로 돌아온 후 나는 헤세에게 다음과 같은 편지를 썼다.

> 선생님과 함께 보낸 그 일요일에 대해, 그리고 제가 '비밀 클럽' 회원이 될 수 있는 명예를 갖게 된 것에 대해 감사드립니다. 정말로 저는 『동방순례』의 동맹에 받아들여진 기분이었습니다. 퀴스나흐트*로 융 박사님을 방문했을 때 저는 선생님께서 '꼭 만나야 할 손님들'이라고 말씀하셨다는 이야기를 전했습니다. (…) 저는 연결하는 다리가 되는 이 여행을 계속할 것입니다. 그것이 나의 운명이라고 얼마 전에 『주역』이 말해주었습니다. 저에게는 그 다리가 남미, 유럽, 아시아를 연결하는 것입니다. 이곳에 돌아온 후 구지 선사에 관한 선생님의 시를 다시 읽어

---

* Küsnacht. 취리히 호수 서쪽 해변에 있는 도시로, 융 부부는 1907년에 이곳에 집을 지어서 거주했다. 현재는 융 박물관이 되어 있다.

보았습니다. 그 시의 의미가 이해되는 것 같습니다. 선생님께서 말이란 가면이라고 하셨지요. 그건 사실입니다. 하지만 말로 하는 대화의 밑에는 다른 대화가, 진정으로 중요하기에 우리가 귀 기울여야 하는 제2의 대화가 있습니다. 브렘가르텐* 축전祝典 역시 그 기반 위에 생긴 것입니다.

저는 융 박사에게 '황야의 이리'의 인사를 전했습니다. 박사님은 미소 지으며 선생님에 관해 물었습니다. 그런 다음에 여러 가지 이야기를 나누었습니다. 융 박사도 구지 선사의 제스처를 할 줄 아시는 것 같았습니다.

---

* Bremgarten. 베른시 근교에 있는, 헤세의 친구 막스 바스머의 저택으로 『동방순례』에서는 환상 속에서 과거와 현재의 인물들이 이곳에 모여 일종의 파티를 연다.

마지막 만남

헤세의 『동방순례』는 저자가 상상 속의 인물들과 그에게 영향을 준 신화를 결합시킨 어느 축전의 이야기이다. 이 축전 혹은 축제는 그의 인생 중반에, 동방 탐구 혹은 동방 여행 중에 일어나는데, 거기서 그는 다른 순례자들과 함께 동맹의 일원이 된다. 순례는 산속에서 시작되어 산과 계곡으로 이어진다. 알프스처럼 보이기도 하지만 저자의 내면 풍경으로 보는 것이 더 맞을 것 같다. 동방은 늘 영혼과 빛의 원천이다. 순례자들은 완전히 불가능한 것을 찾고 있는데, 한 순례자는 쿤달리니* 뱀을 찾고 있고, 헤세 자신은 파티마 공주를 찾아 헤맨다. 그들 순례자 가운데에는 '레오'라는 인물이 있는데, 늘 남을 돕는 시종이다. 장엄한 경관에 둘러싸인 브렘가르텐에서 결맹의 거대한 상징적 축제가 벌어진다. 돈키호테, 헤세가 경탄

---

*   Kundalini. 어원적으로 돌돌 말린 것, 뱀을 의미하는데 요가에서는 생명과 영혼의 근원, 인간 내면의 원초적 생명 에너지를 의미한다.

한 횔덜린*, 호프만†과 하인리히 폰 오프터딩겐‡ 등 모든 사람이 참석한다. 그 밖에도 황야의 이리, 음악가 파블로§, 화가 클링조어¶, 나르치스, 골드문트, 싯다르타, 고빈다 등 헤세가 창조한 인물들이 모두 등장한다.

그런데 비극적인 사건이 일어난다. 시종 레오가 행방불명, 혹은 스스로 다른 사람들을 떠난 것이다. 그러자 동방순례는 중단된다. 친구들은 뿔뿔이 흩어지고 동맹은 깨진다. 사람들은 레오 한 사람이 사라졌다고 이런 사태가 일어날 수 있음에 놀란다. 그런데 한참 후에야 헤세는 레오를 다시 발견한다. 레오는 헤세가 동방 순례자들에게 바친 『유리알 유희』에서 위대한 스승 요제프 크네히트로 다시 등장한다. 크네히트란 독일어에서 하인을 뜻하는 말이다.

『동방순례』는 저자가 동맹의 자료실에서 어떤 조각상을 발견하는 기이한 상징으로 끝을 맺는다. 이 작은 조각상은 자웅동체 혹은 양성적 존재로 밝혀지는데 그 전에 헤세는 셰퍼드 네커와의 일, 봉사하는 사람 레오와의 만남 같은 몇 가지 테스트를 거치게 된다. 헤세의 모든 작품 가운데 『동방순례』는 가장 신비적이다. 굳이 해석해보려 하지 않은 채 나는 그 숭고한 아름다움 속으로 깊이 빠져

---

*   Friedrich Hölderin(1770~1843). 독일의 낭만주의 시인.
†   E. T. A. Hoffmann(1776~1822). 독일 낭만주의 시대 작가로 기괴한 분위기의 이야기를 즐겨 썼다.
‡   Heinrich von Ofterdingen(1772~1801). 노발리스의 소설 『푸른 꽃』의 주인공.
§   헤세의 『황야의 이리』에 등장하는 인물.
¶   『클링조어의 마지막 여름』에 등장하는 인물.

들었다.

1961년 5월 6일 토요일, 나는 헤세를 다시 방문했다. 터키석으로 장식된 카슈미르산 작은 은상자를 선물할 생각이었다. 같은 것을 융 박사에게도 선물할 계획이었다.

"피렌체에서 오는 길입니다." 내가 말했다. "그곳에서 다빈치의 「수태고지」 그림을 관람했습니다. 거의 한 시간 동안 그 그림을 보았습니다."

"왜 그렇게 그 그림에 관심을 가졌나요?" 헤세가 물었다.

"쉽지 않지만 설명해보겠습니다. 레오나르도 다빈치의 그림에는 무언가가 있습니다. 『동방순례』와 마찬가지로, 설명할 수는 없지만 느낄 수 있는 어떤 메시지가 들어 있습니다. 「수태고지」 그림은 정말로 혼을 흔드는 것 같았습니다. 허공에 펄럭이는 천사의 날개, 동정녀 마리아에게 소식을 전하는 천사의 오른손 손가락이 정말로 살아 있는 듯했습니다. 하지만 가장 뜨거운 메시지는 눈에서 나오고 있었지요. 무시무시한 천사가 눈빛으로 동정녀에게 예수를 수태시키는 것처럼 보일 정도였습니다. 마리아는 아이처럼 놀라 예언서에 오른손을 올려놓은 채 왼손으로 그 소식을 받습니다. '그렇게 쓰여 있다'는 것은 그 때문입니다. 하지만 저는 다빈치가 그 말을 덧붙인 것은 단지 교황청을 만족시키기 위해서였다고 생각합니다. 사실 성모는 너무도 놀라 모든 것을 받아들인 것입니다. 그녀는 혼이 나가고 천사에게 홀려서 원래의 자신이 아닙니다. 그림의 배경에는 전형적인 꿈같은 풍경이 펼쳐져 있는데, 그것은 무의식의 세계로 거기서부터 신비스러운 일, 운명, 그리스도와 천사 같은 모든 일이 일어납니다."

헤세는 내 말을 주의 깊게 듣고 있었다. 잠시 후 그가 입을 열었다. "다빈치가 세계적인 천재인 것은 그의 그림에 무엇인가 마력이 들어 있기 때문입니다. 대부분의 사람들은 감각으로 인지하는 것만을 알고 그 이면에 있는 것을 알지 못합니다. 마법만이 다른 식으로 포착할 수 없는 것을 표현할 수 있습니다. 본질적으로 상상력을 일깨우는 그런 유형의 예술이 존재합니다."

"『데미안』과 『동방순례』가 그런 마법적 영역에 속하는 작품이지요. 그런데 레오는 대체 누구인가요?"

헤세는 말없이 열린 창문으로 들어오고 있는 고양이에게로 시선을 돌렸다. 헤세가 고양이를 쓰다듬으며 말했다. "레오는 동물들, 예를 들어 네커 같은 개와 대화를 할 수 있는 인물입니다······. 내 친구 하나가 개 한 마리를 남에게 보낼 수밖에 없게 되었어요. 그래서 50킬로미터나 떨어진 곳으로 보냈습니다. 그런데 개가 도망 나와 그 친구한테 돌아왔어요. 개가 길을 찾은 겁니다. 그것 역시 마법적인 것이지요······."

내가 물었다. "선생님께서는 음악에서 다빈치와 가장 비견할 만한 사람은 누구라고 생각하나요? 음악에선 누가 마술적인 음악가일까요?"

"바흐지요." 헤세가 주저 없이 말했다. "특히 바흐의「미사곡」과「마태수난곡」,「요한수난곡」이 그렇습니다. 정말로 마술적인 작품들입니다. 그래서 이 작품들이 취리히에서 연주되면 저는 반드시 취리히를 방문합니다."

헤세가 자리에서 일어나 천천히 서가 쪽으로 갔다.

"『유리알 유희』이후 새 작품을 쓰셨나요?" 내가 물었다.

"회상*……." 아무 말도 못 들었다는 듯 그가 말했다. "시인의 과제는 과거를 불러오고, 소생시키고, 덧없는 것을 포착하는 것입니다. 그것이 시인의 작업에서 가장 중요한 것입니다."

헤세는 이탈리아어로 번역된 그의 작품 하나를 보여주었다. "이탈리아인들이 드디어 내 작품을 번역했습니다. 내가 스위스의 이탈리아 지역에 살고 있으니까요. 스페인은 사정이 전혀 다릅니다. 아귈라 출판사에서 내 전집 출간을 시작한 것을 아시지요? 그 책을 한번 보시고 번역이 잘 되었는지 이야기해주십시오. 아시겠지만, 독일에서는 요즘 스페인과 남미 작가들에게 대단한 관심을 기울이고 있습니다."

헤세가 로물로 갈레고스†의 독일어 번역본을 보여주었다.

그날 오후에 그곳을 떠날 때까지 우리는 여러 작가들에 관해 이야기를 나누었다. 혹시 릴케를 개인적으로 아는지 내가 물어보자 그는 모른다고 대답했다. "그런데 번역을 이야기하자면, 원본보다

---

*   Beschwörungen. 주문(呪文), 환기(喚起)라는 뜻으로 1956년에 출간된 헤세 단편집의 제목이기도 하다.

†   Romulo Gallegos(1884~1969). 베네수엘라 작가로 1948년에 9개월 동안 대통령을 역임했다.

번역본이 더 잘 이해되는 것 같더군요."

"그럼 카이절링*은 아시나요?"

"네, 그는 비상한 인물이었어요. 황소처럼 외치는 크고 강한 사람입니다." 헤세가 카이절링처럼 울부짖는 흉내를 냈다.

"구스타프 마이링크†는 어떻습니까?"

"마이링크는 잘 압니다. 그는 마법에 깊은 관심을 가졌고, 실험도 했어요. 큰 위험이 닥치면 마음을 집중해서 엄중한 평온을 찾았지요. 그는 또한 예리한 유머 감각을 가졌습니다. 한번은 강령술降靈術 도중 저승에서 방문자가 나타났다고 생각되는 순간 그를 보기 위해 성냥불을 켰답니다. 그래서 그 강령술 시험은 막을 내렸죠. 그는 흑마술에도 빠져 있었습니다."

방문을 끝내려는데, 헤세 부인이 나를 다음 날 점심 식사에 초대했다.

---

* Hermann von Keyserling(1880~1946). 제1차 세계대전 이후 대중적으로 인기가 높았던 독일 철학자.

† Gustav Meyrink(1868~1932). 오스트리아 태생 작가로 소설 『골렘』이 유명하다.

1961년 5월 7일, 일요일

이튿날 나는 일찍 방문해서 헤세와 전날의 대화를 이어갔다. 나는 인도와 일본에 관한 아서 쾨슬러*의 책 『연꽃과 로봇』†을 언급하며 "쾨슬러가 그 책에서 스즈키‡를 아주 심하게 공격하고 있더군요"라고 말했다.

"걱정 안 하셔도 됩니다." 헤세가 대답했다. "그래도 스즈키는 잠 못 자거나 그러지 않습니다. 그는 깊이 상처받을 사람이 아닙니다."

헤세의 이 말에 나는 예수에 관한 어떤 이야기가 생각났다. 예루살렘 거리를 걷던 예수가 갑자기 걸음을 멈추며 큰 소리로 말했

---

* Arthur Koestler(1905~1983). 헝가리계 영국 작가로 많은 소설과 전기를 썼다. 대표작은 『한낮의 어둠』(1940)이다.
† The Lotus and the Robot(1960). 인도와 중국을 중심으로 동양의 신비주의를 논한 쾨슬러의 저서.
‡ 스즈키 다이세쓰(鈴木大拙). 선(禪)을 서양에 전파하는 데 중요한 역할을 한 일본의 불교학자.

다. "누가 내 옷에 손을 대었느냐?"[*]

나는 쾨슬러가 작품의 자료를 구하기 위해서 인도에 왔을 때, 그와 함께 라이하나라는 여성 수피[†] 마법사를 만나러 갔었다고 헤세에게 말했다. 그녀는 손바닥이 아니라 손등을 보고 사람의 전생을 알아낼 수 있었다. 쾨슬러에 관해 아무 말도 하지 않았는데 그녀는 쾨슬러의 손을 잡아 잠시 들여다보더니 그가 전생에 종군목사였다고 말했다.

헤세가 나에게 현재 어떤 작품을 쓰고 있는지 물었다. 나는 5년 전부터 인도에서의 내 체험에 관해 쓰고 있다고 말했다.

"제목이 어떻게 되나요?" 헤세가 물었다.

"캄보디아의 앙코르와트 폐허를 돌아볼 때 제목이 떠올랐습니다." 내가 말했다. "아시겠지만 앙코르와트 사원으로 가는 양옆의 난간에는 뱀의 형상들이 새겨져 있지요. 그걸 보고 저는 해탈의 길로 인도하는 쿤달리니 뱀이 생각났습니다. 똬리를 튼 뱀이 연상됐고, 그것은 다시 낙원의 나무를 생각나게 했습니다. 제 책이 뱀과 나무를 다루고 있기 때문에 저는 제목을 '낙원의 뱀'으로 정했습니다. 그것은 선생님의 『동방순례』처럼 상징적이고 완전히 개인적인 여행에 관한 책입니다. 저는 늘 요가와 쿤달리니에 관해 특별한 관심을 가져왔습니다."

---

[*]   마가복음 5장 25~34절.
[†]   sufi. 수피파 또는 수피즘. 이슬람교의 신비주의적 분파로 금욕과 고행을 중시한다.

그러자 헤세가 쿤달리니는 '지식'을 뜻한다고 하면서, 그의 생각에 요가는 본질적으로 동물적인 것을 의식적이 아닌 연금술적인 방식으로 좀 더 높은 단계로 고양시키는 방법이라고 덧붙였다. 나는 헤세에게 실제로 요가를 했느냐고 물어보았다. "호흡법만 했습니다." 그가 대답했다. "하지만 오래전의 일이고, 인도식보다는 중국식으로 했습니다. 서양에서는 요가를 하는 것이 어려울 뿐만 아니라 위험해 보이는데, 요가에는 완벽한 적막과 집중이 선행되어야 하는 까닭입니다. 우리는 일상의 여러 문제로 많은 영향을 받기 때문에 진정한 요가는 인도에서만 할 수 있습니다."

　헤세의 말은 내게 좀 이상하게 들렸는데, 나는 헤세가 몬타뇰라의 산속에서 거의 완벽하게 단절된 생활을 하고 있다고 생각했기 때문이다. 그리고 내 경우엔 안데스뿐 아니라 호텔이나 분주한 길거리에서도 집중이 가능했다.

　"마음이란 있는 곳 어디에서나, 산꼭대기든 번잡한 곳 어디서든 송신하고 수신할 수 있는 라디오 같은 것 아닌가요?" 내가 물었다. "개인의 마음을 어디서나 수신할 수 있는 일종의 집단 마음* 같은 게 있습니다. 때로 저는 육체적 노력도, 개인적 교류도 결코 만족스러운 결과를 도출하는 데 필수적인 것은 아니라는 생각이 듭니다. 아시겠지만 베나레스†에는 세상의 평화 유지를 위해 계속 마

---

*　kollektivgeist/collective mind. 집단 의식, 집단 표상, 집단적 사고 등의 의미이다.
†　Benares. 인도 우타르프라데시주에 위치한 도시로 베나레스 혹은 바라나시로 불린다. 옛날 카시 왕국의 수도이자 힌두교의 최대 성지이다.

술적 주문과 만트라[*]를 외우며 집중을 실천하는 브라만[†]들이 있습니다. 아마도 이들은 국제연합보다 더 많은 결실을 가져올 것 같습니다. 그렇습니다. 마음이란 라디오와 같은 것으로…….”

헤세가 내 말을 중단시켰다. "모든 게 훨씬 복잡하고 미묘하지요. 말씀하시는 그런 일은 인도에서만 가능합니다. 거기에는 필요한 조건과 준비가 갖춰져 있어요. 유럽에서는 아마도 몇몇 가톨릭 수도원에서 가능할 테지만, 나도 자세히는 모릅니다. 나 자신은 다른 길에 있지요…….”

"베네딕트 수도회 말씀이신가요?"

헤세가 고개를 끄덕였다. 나는 질문을 이어갔다.

"우주선이나 인공위성, 우주 여행에 많은 관심을 가지고 있는 우리들의 미래는 어떻게 될까요? 인간은 마음의 문제에 대해 계속 관심을 가질까요?"

"아!" 헤세가 탄식했다. "50년 안에 지구는 기계의 무덤이 될 것이고, 우주인의 마음은 그가 탄 로켓의 조종실과 동일할 겁니다."

점심이 준비되었고 우리는 식당으로 자리를 옮겼다.

식당의 손님들 중에는 헤세의 첫 번째 전기와 『비잔틴 그리스

---

* mantra. 진언, 밀주 또는 다라니라고도 한다. 영적, 물리적 변형을 일으킬 수 있다는 발음, 음절, 낱말 또는 구절을 말한다.
† Brahman. 인도의 카스트 제도에서 가장 상층의 계급으로 바라문 또는 파라문이라고도 한다.

도교』의 저자인 후고 발*의 딸도 있었다. 헤세는 그녀의 어머니†와 오랫동안 흥미로운 편지 왕래를 해왔는데 그들의 편지는 이미 멋진 책자로 나와 있었다.

나는 다시 한번 유서 깊은 다리가 있는 소도시 칼프의 풍경화를 바라보았다. 그리고 헤세가 어디선가 아름답게 묘사한 바 있는 그 독일의 도시를 언젠가 방문하리라 결심했다.

헤세는 점점 더 젊은 시절의 감정으로 되돌아가고 있는 듯이 보였다. 나는 그가 낙원에 가까웠던 어린 시절의 감정을 만년에 다시 그대로 느낄 수 있다는 것이 놀라웠다.

헤세는 저쪽 테이블의 끝, 돌 조각상과 가까운 자리에 앉아 있었다. 그의 미소는 낙원의 영혼으로 돌아가기 위한 기나긴 투쟁 끝에 자연에 대한 끝없는 성실성으로 마침내 얻게 된 어린아이의 미소와도 같았다. 티치노산 붉은 포도주 잔을 들어 올리며 헤세가 스페인어로 '살루드 salud'라고 말했다.

그것이 나에게 남아 있는 헤르만 헤세의 마지막 모습이다.

---

*   Hugo Ball(1886~1927). 다다이즘의 중심 인물로 헤세의 전기『헤르만 헤세, 그의 생애와 작품*Hermann Hesse, sein Leben und sein Werk*』(1927)을 썼다.

†   휴고 발의 부인 에미 헤닝스(Emmy Hennings, 1885~1948)는 배우이자 작가였다.

마지막 메시지

헤세를 만난 후 나는 융 박사를 만나기 위해 퀴스나흐트로 갔다. 그 무렵 융 박사는 건강이 매우 안 좋았다. 그 방문이 마지막 만남이 되었다. 뉴델리로 돌아와서 나는 그의 사망 소식을 들었다. 곧바로 융과의 마지막 만남에 관해 헤세에게 편지를 쓰면서 다음과 같은 글을 덧붙였다.

저는 계속 융 박사에 대해 생각하면서, 우리들의 '비밀 클럽'에 우리가 다른 생에서 서로 알고 있었다고 암시하는 어떤 것이 있다는 생각이 듭니다. 두 분이 저와 이렇게 잘 통하는 것은 무슨 까닭일까요? 우리가 전생에 서로 알고 있었다면 우리는 나중에 또다시 만나지 않을까요? 그렇다면 언제, 어디서일까요? 저는 이곳에 앉아 위대한 인물 융 박사를 생각합니다. 그리고 선생님에 대해서도 생각합니다. 그러나 제가 특별히 관심을 두는 것은 융 박사와 선생님, 그리고 저를 연결하고 있는 관계에 관한 것입니다. 저는 선생님을 찾아뵐 때마다 항상 융 박사도 방문했고, 얼마 전에는 융 박사님께 선생님의 안부를 전했습니다.

1961년 7월 29일 「노이에 취리허 차이퉁」지는 융 박사에게 경의를 표하는 특별판을 발간했다. 거기에 나도 '융 박사와의 마지막 만남'이라는 글을 하나 썼는데, 이 글은 나중에 여러 스페인어 신문에 실렸고, 영어로 번역되어 인도에도 소개되었다. 「노이에 취리허 차이퉁」을 받아 본 나는 내 기고문과 함께 내가 헤세에게 보낸 편지가 함께 실린 것을 보고 놀랐다. 며칠 후 헤세로부터 편지가 왔다.

융 박사의 사망으로 나는 도저히 채울 수 없는 소중한 것을 잃었습니다. 최근 내 친구 가운데 제일 나이가 많은 화가 쿠노 아미에트*가 아흔넷의 나이로 세상을 떠났습니다. 이제 나에게는 나보다 젊은 친구들뿐입니다.
고백해야 할 것이 있습니다. 「노이에 취리허 차이퉁」이 융 박사에 대한 특별판을 발간하는데, 내가 기고하는 것은 적절치 않다고 생각했기에 그 대신 융 박사 서거 후 나에게 보내주신 편

---

*   Cuno Amiet(1868~1961). 화가, 그래픽 아티스트로 스위스 현대 미술의 선구자로 평가받는다.

지를 신문사에 보냈습니다. 그 책임은 나한테 있습니다. 양해해주기 바랍니다.

헤르만 헤세 올림

인도를 떠나고

인도 생활이 거의 10년 되어가 그곳을 떠날 때가 되었다. 나는 인도의 디오니소스적 문화와 그 세계에 빠져 있었다. 그곳 정신세계의 본질을 맛보며 그곳의 묘한 분위기에 녹아들어 있었다. 거기서는 시간이 마치 광활한 강처럼 일상적인 삶의 파편을 외향적인 서양의 연약한 꽃, 페르소나와 함께 휩쓸어갔다.

그러나 내가 비록 인도적 삶의 깊이를 알고 힌두인처럼 살았어도 나는 진정으로 그 문화의 범주에 속하지는 않는다는 것을 알게 되었다. 동시에 나는 내가 결코 서구인도 아님을 깨달았다. 나는 그 두 세계 사이에 끼어 있었다. 어느 정도 양쪽 문화에 속하지만 그 사이에서 자신의 정체성을 발견해야만 하는 남미인이었다.

나는 칠레 정부로부터 유고슬라비아 주재 대사로 임명되었다. 칠레에는 작가들을 외교관으로 임명하는 전통이 있다. 발령 소식을 듣고 나는 헤세에게 편지를 했다. "이제 정말 선생님 곁에 더 가까이 있게 되었습니다." 더 가까이? 하지만 당시 헤세는 죽음에

다가가고 있었다.

유고슬라비아의 베오그라드로 가기 전에 나는 스페인으로 갔다. 거기서 나는 스페인어 번역본에 관해 헤세에게 말해주기 위해 아귈라판 헤세 전집을 찾았다. 당시 나는 맏아들과 동행했는데, 아이가 무척이나 헤세를 만나고 싶어 한 까닭이었다. 우리는 서둘러 가르다 호수를 따라 차를 몰았는데, 몬타뇰라와 그리 멀지 않은 곳이었지만 차를 멈출 수 없는 상황이었다. 그런데 결국 이번 만남은 불가능해졌다. 아들의 소원은 이루어지지 못했다.

베오그라드에 도착한 나는 거리의 신문 가판대 앞에 섰다. 나는 내가 읽을 수 있는 언어로 된 신문을 찾았다. 그러다가 며칠 지난 「타임스」지를 발견했는데, 헤세의 사진과 함께 그의 사망 기사가 실려 있었다.

나는 가판대에서 곧장 집으로 와 그날과 그다음 날, 묵상을 하면서 세상을 떠난 내 친구 생각에 젖어 있었다.

아들이 며칠 뒤 유럽을 떠나야 했기 때문에 나는 아들을 데리고 취리히로 향했다. 그리고 몬타뇰라를 우리의 마지막 순례지로 정하고 헤세의 집을 방문해 조의를 표하기로 했다. 다시 한번, 그리고 아마도 마지막으로 벨라비스타 호텔에 숙박했다. 모든 것이 변함없었다. 나는 아들에게 산 아래의 오래된 집들을 보여주었고, 언덕을 올라 헤세가 세상을 떠날 때까지 살던 그 집으로 향했다.

우리는 응접실에서 헤세 부인을 기다렸다. 부인은 많은 감정이 담긴 표정이었다. 여전히 아름다웠지만 힘들어 보였다. 그녀가 헤세 곁에서 오랫동안 예술, 음악, 자연에 관해 연구하던 그 시절은 이제 끝이 났다.

우리는 말없이 앉아 있었다. 이윽고 부인이 입을 열었다.

"수년 전 이곳에 처음 오셨을 때 나는 벌에 쏘였었지요. 그래서 남편과 이야기 나누실 때 자리를 함께하지 못했습니다. 그때 남편이 이런 말을 했습니다. '어떤 사람이 찾아왔는데 내가 알던 사람, 친구 같은 사람이야. 칠레에서 온 젊은 친구였어.' 남편은 당신을 참 좋아했어요. 두 분은 좋은 관계를 맺고 있었지요."

"제가 일주일쯤 먼저 오지 못한 것이 얼마나 애석한지 모르실 겁니다." 내가 말했다. "제 아들도 선생님을 무척이나 뵙고 싶어 했는데……."

"남편은 갑자기 돌아가셨는데, 어찌 보면 그건 다행입니다. 남편은 많이 아팠어요. 6년 전부터인데 본인은 모르고 있었어요. 백혈병이었습니다. 하지만 자연에서 힘을 얻었고, 황혼이나 달빛 속에서 삶에 작별을 고할 때가 다가옴을 감지했어요. 며칠 전부터는 시를 썼는데 돌아가시기 전날 밤에 완성했어요. 그 시를 제 침대 위에 갖다놓았어요. 제가 새벽에 남편 방에 가보니 이미 돌아가신 후였습니다. 남편은 주무시다가 돌아가셨어요, 시는 고목에 관한 것입니다. 남편은 시에서 그 나무를 내년에도 다시 볼 수 있을지 묻고 있어요."

그리고 헤세 부인은 그 시의 사본 하나를 나에게 주었다.

얼마 후 보드머 부인이 방으로 들어왔다. 보드머 부인은 하루

종일 헤세 부인 곁에 있으려고 와 있었다. 그녀는 아무 말 없이 헤세 부인 곁에 앉아 있었다. 그때 열린 창문으로 고양이가 들어왔다. 헤세 부인이 고양이를 바라보았다.

"고양이가 남편을 찾아 집 안을 돌아다녀요. 아직도 밤낮으로 찾습니다. 고양이도 나처럼 남편이 여기 있는 것을 느끼는 듯합니다. 그런데 당신에게 아름다운 이야기를 하나 해드릴게요. 남편의 어릴 적 친구인 필터 목사라는 분이 엥가딘*의 실스에서 휴가를 보내고 있었어요. 우연, 혹은 우연이 아닌지도 모르지요. 전에 두 사람은 루터에 관해서 자주 논쟁했어요. 남편은 루터를 별로 좋아하지 않았거든요. 우연히 근처에 계시던 필터 목사는 몬타뇰라로 오셔서 남편의 장례식에 참석하고, 묘지에서 설교도 하셨습니다. 크고 마른 그분이 장례의식을 행하는 모습은 인상적이었습니다. 수년에 걸친 남편과의 우정으로 그 일을 마치 운명처럼 맡으신 것 같았어요."

말을 마친 니논 헤세는 서가 옆에 걸린 그림을 바라보았다. 하늘을 향해 비상하는 새를 그린 그림이었다. "저 그림은 남편이 생일에 선물받은 것입니다. 세상을 떠나기 몇 주 전의 일이었죠. 남편은 기뻐하면서 그림을 계속 쳐다봤어요. 남편 자신이 실은 한 마리의 새였습니다."

그때 나는 『데미안』이 생각났고, 싱클레어의 새 그림을 생각했다. 그림에는 이렇게 쓰여 있었다. "새는 알에서 나오려고 애를

---

* Engadin. 스위스의 알프스 지역.

쓴다. 알은 세계이다. 태어나려는 자는 세계를 파괴하지 않으면 안 된다. 새는 신에게로 날아간다. 신의 이름은 아브락사스."

오후에 아들과 나는 헤세가 잠든 묘지로 갔다. 노란 꽃 몇 송이만 놓여 있었고, 아직 비석에 이름도 새겨져 있지 않았다. 아들은 나를 잠시 무덤가에 혼자 두었고, 나는 맞은편 잔디에 앉아 위대한 시인인 내 친구를 생각했다. 거대한 폭풍이 그를 휩쓸어 대양으로 쓸어간 탓에 모든 것이 흩어지고 기억마저 사라지기 전에, 그를 추억 속에 간직하기 위해 그의 모습을 마음속 깊이 담았다. 그의 말이 떠올랐다. "죽음이란 형상, 순수한 형상으로 변하기 위해 집단 무의식으로 들어가는 것입니다."

그때 문득 누군가가 길을 따라 오고 있는 것이 보였다. 젊은 남녀 한 쌍이 다가오고 있었다. 배낭을 메고 짧은 바지에 등산화를 신고 있었다. 그들은 독일어를 했는데, 헤세의 묘지가 어디에 있는지 물었다. 내가 이곳이라고 말하자 그들은 묘지 앞에서 오랫동안 묵상하며 서 있었다. 여자가 남자의 어깨에 머리를 기댔다. 얼마 후 청년이 배낭을 열고 옅은 하늘색 표지의 작은 책 한 권을 꺼냈다. 그러고는 작고한 시인의 시 한 편을 읽었다. 그들은 마치 기도하듯 묘지에서 헤세의 시를 낭송했다. 강물이 그를 실어 가기 전에 헤세는 영원한 광채 속에서 그들의 낭독을 들었을 것 같았다.

몬타뇰라에 있는 헤세의 묘지

나무

밤에 나는 아들과 함께 헤세의 마지막 시를 읽었다.

  부러진 가지의 바스락거림

몇 해째 매달려 있는
부러져 꺾인 나뭇가지,
바람 속에서 메마른 소리로 바스락거린다.
잎도 없고 껍질마저 벗겨진 채
앙상하고 헐벗은 채 너무 긴 목숨에,
너무 긴 죽음에 지쳐버렸다.
나뭇가지의 노래는 거칠고 질기다.
고집스럽고 어딘가 불안하다.
한 번의 여름만 더,
한 번의 겨울만 더.

골드문트 조각상

아들을 먼저 보내고 나는 취리히에 며칠 더 머물렀다. 보드머 부인을 만나보고 싶어서 부인이 몬타뇰라에서 돌아오기를 기다렸다.

보드머 하우스는 16세기 말경에 건축된, 취리히에서 가장 오래된 건축물 중 하나였다. 그 집 안으로 발을 들여놓는 순간 현실 세계를 떠난 듯했다. 보드머 부인은 집을 옛날 그대로 보존해오고 있었다. 심지어 아이들이 태어난 방까지 가구나 장난감이 아이들의 어린 시절 그대로 놓여 있었다. 방의 천장 들보는 역사가 깊고 당당했다. 벽은 보티첼리와 중세의 목재 조각품으로 장식되어 있었다.

나는 맨 위층으로 올라갔다. 보드머 부인이 넓은 응접실에서 나를 맞이했다. 헤세가 종종 친구 한스 보드머를 만나던 방이었다. 인사를 나눈 뒤 보드머 부인이 헤세에 관해 이야기를 꺼냈다. "당신과 헤세 사이에는 깊은 연결 고리가 있었지요. 말년에 헤세는 새 친구가 없었습니다. 아무도 안 만났어요. 당신만이 예외였어요. 묘한 일입니다. 먼 곳에서 오셨고, 헤세에 비하면 나이도 너무 젊은 분인

데……." 부인은 생각에 잠긴 듯 침묵했다.

"헤세 부인은 몬타뇰라에 그대로 거주하시나요?" 내가 물었다.

"네, 그럴 거라고 생각합니다. 아들한테 몬타뇰라의 집에 살겠느냐고 물어봤더니, 헤세 부인이 그 집에 계속 살았으면 좋겠다고 하더군요. 부인이 외로움을 잘 이겨낼 수 있는지에 달려 있습니다."

"헤세의 책이나 원고를 보관할 만한 박물관을 만들 계획이 있으신가요?"

"네, 그런데 아직 어디에 만들어야 할지 결정되지 않았습니다. 베른에 만들어야 한다는 사람도 있고, 어떤 사람들은 독일이 낫다고 말합니다. 제 생각에 베른은 루가노나 마찬가지로 너무 외진 듯합니다. 어떻게 생각하세요?"

"저는 이제는 헤세가 망명 생활을 끝내고 독일로 돌아갈 때라고 생각합니다." 그 말을 하는데 마치 헤세가 나에게 그렇게 말하도록 시킨 느낌이었다. 나는 헤세의 무덤 앞에 서 있던 젊은 독일 커플이 생각났다.

보드머 부인이 말했다. "그 생각이 맞는 것 같아요. 헤세 자신도 그런 의중을 밝힌 적이 있습니다. 언젠가 질문을 받았을 때 헤세는 릴케 박물관이 있는 도시를 언급한 적이 있습니다."

내가 말을 이었다. "헤세는 진정한 독일인으로, 횔덜린의 뒤를 이은 마지막 낭만주의 시인입니다. 헤세는 동양, 특히 인도에 관심을 가진 철저한 독일인이었습니다. 그런 점에서 쇼펜하우어나 니체와 비슷합니다. 그리고 이제는 독일이 헤세에게 진 빚을 갚을 때가 아닌가 생각합니다. 헤세는 뉘른베르크나 고향 칼프 같은 오래된 독일의 도시와 거리에 관해 아주 감동적인 글을 남겼지요."

나는 몬타뇰라에서 만났던 독일 젊은이들 이야기를 했다. 보드머 부인이 말했다. "헤세 부인에게 그 얘기를 전할게요. 그리고 박물관에 관한 당신의 의견도요. 헤세 부인이 결정을 내리는 데 도움이 될 것 같습니다.* 그런데 혹시 취리히에 토마스 만 박물관이 있다는 걸 아시나요? 정말 가볼 만한 곳입니다."

"가보지 못했습니다. 이곳에 토마스 만 박물관이 있는지 몰랐습니다. 저는 토마스 만이 완전히 독일로 돌아간 것으로 알았습니다."

"아시겠지만 토마스 만은 제2차 세계대전 때 독일을 날카롭게 비난했습니다. 독일인들은 결코 그를 용서하지 않았어요. 전후에 토마스 만이 독일을 방문하자 독일인들은 그를 어떻게 생각하고 있는지 보여주었습니다. 헤세도 독일을 떠났지만 토마스 만 같은 방식으로 비난하지는 않았어요."

나는 토마스 만이 독일에 했던 모든 비난은 실은 그가 얼마나 철저한 독일인이었는지를 보여주는 것이라고 말했다. 독일은 스페

---

*   헤세의 유고는 베른에 있는 헤르만 헤세 재단으로 넘겨졌고, 그 후 독일 마르바흐의 실러 국립박물관에 기탁되었다.

인과 흡사하다. 독일인들은 절대주의자들이다. 그것이 토마스 만이 감정에 휩쓸려 올바른 균형 감각을 잃었던 이유이다. 보드머 부인이 아름다운 크리스털 잔에다 오래된 포도주를 따라 권했다. 얼마 후 일어나서 가려는데, 부인이 다른 방에 있는 르네상스 시대의 그림 몇 점과 성화聖畵를 보여주겠다고 했다. 홀을 지나가면서 나는 어떤 조각상에 마음을 빼앗겼다. 그것은 사람 크기의 목재 조각으로 수도사의 모습이었다. 부인의 말로는 12세기 때 것이라고 했다.

나는 한참 동안 그 조각상 앞에 서서 생각에 잠겼다. 젊은 수도사는 머리를 삭발했고 맨발에 헐렁한 수도복만 걸치고 있었다. 왼손에 판板 몇 개를 들고, 오른손으로는 축복을 내리고 있었다. 손과 발이 매우 아름다웠고 몸은 부서질 듯 섬세했다. 그의 시선은 먼 옛날, 기독교의 여명기 혹은 그 이전 시대에서 온 듯했다.

헤세의 주인공 골드문트는 중세 유럽의 거리를 순례한 방랑자로, 평생 단 하나의 예술품을 만들었다. 성당의 설교단에 쓰이는 목재 조각으로, 당시 내가 본 조각품처럼 그의 전 인생이 담긴 작품이자 그의 삶의 모든 빛과 그림자를 오롯이 담은 작품이었다.

꿈

그날 밤 취리히에서 나는 꿈을 꾸었다. 대학처럼 보이는 여러 층의 크고 하얀 건물이 꿈에 나타났다. 건물 안에는 학생들이 가득한데 대부분의 강의실에서는 정밀과학, 응용과학, 공학, 물리학을 공부하고 있었다. 모두들 확실한 결과를 얻기 위해 지식을 이용하고 있는데, 하는 일의 의미에 관해서는 아무 생각 없이 기계적으로 일하고 있었다. 내가 꿈속에서 본 대학은 미래를 상징하는 듯했다. 강의실에서 나오는 남자들은 딱딱하고 완고해서 기계의 법칙만을 따를 뿐 아니라 그들 스스로가 법칙의 산물이 되어 있었다. 살과 피로 이루어진 세계의 마지막 인물들은 이제 사라졌고, 반反인간적인 새로운 세대에게 신과 악마에 대한 관심은 낭만적인 이상주의자들의 생각, 타락한 부르주아 사회의 산물로만 보일 뿐이었다.

    나의 이런 꿈은 미래의 원형, 아니 이미 미래가 시작되었기 때문에 현재의 원형을 보여주고 있는 것 같았다. 그것은 콘크리트로 세워지고 아스팔트로 둘러싸인 대학 건물 안에서 우주 정복을 준

비하고 있는 원자 및 기계 인간이었다.

그런 세계 속에서 나는 내가 있을 자리를 발견할 수 없는 이방인일 것이다. 하지만 나는 헤세나 융 같은 사람 역시 그런 곤경에 직면했었음을 알 수 있었다. 그들은 이제 세상을 떠났고 우리 시대의 기계화는 그들을 건드릴 수 없다. 두 사람은 존재의 완성을 통해 다른 세계에 진입했다. 나 역시 더 이상 지구로 돌아가지 않고 다른 세계로 들어갈 수 있도록 그들처럼 노력해야 한다.

나의 임무는 기계로 인해 변해버린 세계의 삭막한 사막으로부터 나를 구하는 것이다. 이 끔찍한 감방에서 탈출하기 위해 나는 내 꿈을 지켜주는 지혜로운 두 사람, 존경하는 나의 친구들이 갔던 길과 똑같이 외로운 길을 가야 한다.

브렘가르텐 축제

일요일이었다. 나는 동양의 그림과 조각품으로 둘러싸인 벨그라드의 내 집에 혼자 앉아 있었다. 나는 헤세가 굉장히 사랑했던 바흐의 「B단조 미사곡」을 들으면서 어떤 의식을 행할 생각이었다. 백단향 향에 불을 붙이고 레코드판을 얹었다. 헤세와 함께 음악을 들을 생각이었다. 헤세에게 내 감각을 빌려주어 음악을 듣게 해주고 동시에 그가 내 곁에 있음을 느껴보고자 했다.

    나는 소파에 기댄 채 음악에 귀를 기울였다. 특별히 어떤 선율에 집중하지는 않았는데 헤세가 나를 통해 음악을 듣고 있다고 상상했기 때문이다. 나는 헤세가 살아 있을 때처럼 음악에 귀를 기울이길 바랐다. 방 안 가득 음악이 울리자 나는 바흐의 「요한 수난곡」과 다빈치의 「수태고지」 그림이 결국은 동일한 것임을 느낄 수 있었다. 미사곡 안에서 바흐는 그의 전 생애를 다시 살고 있었다. 바흐의 상징이나 전설은 음악 안에서 그를 넘어서는 초월적인 것으로 모습을 드러낸다. 그 곡은 바흐 자신을 위한 미사곡으로, 삶과 영혼을 바치는 희생이자 신성모독에까지 이르는 제물을 바치면서 최후의 결합을 추구하는 무서운 몸부림이었다. 그것은 죽음과 부활에 관한 이야기였지만, 바흐의 고유한 신화와 리듬으로 이루어져 있었다. 음표의 상호작용 그리고 대위법으로 음악은 상징적인 꽃을 창조해냈으며, 그것은 '아버지, 왜 나를 버리셨나요?'* 라고 울부짖는 영혼을 요람에서 묘지까지 지탱한 긴장의 산물이었다. 또한 그것은 마법이고, 신비한 꽃의 창조였다. 그런 것은 소수의 사람에게만 가능한데, 바흐는 미사곡을 통해서 그것을 이루었다. 그의 미사곡은 평생의 창작 활동 동안 전력을 다해 만들어낸 일종의 브렘가르텐 축제였다.

나는 하나도 놓치지 않으려 음악에 귀를 기울였다. 헤세가 곁에 있고 나한테 고마워한다고 느꼈다. 그를 통해서 나는 음악을 듣는 법을 배웠다. 미사곡이 끝나자 이어「요한 수난곡」과「마태 수난곡」이 흐르기 시작했다. 그날 하루를 이런 의식을 행하면서 보냈는데, 그것은 나 자신의 브렘가르텐 축제이기도 했다.

고인이 된 이들을 위해 나는 점심을 준비했다. 몬타뇰라에서 받은 환대에 답하고 싶었다. 나의 꿈의 형상과 전설들을 초대했다. 그들을 식당으로 초대해 테이블에 앉도록 권했다. 매혹적인 음악이 계속 흘러나왔다. 우리는 만다라†의 형태로 자리 잡고 앉았다. 처음

---

* 마태복음 27장 45~47절.
† mandala. 둥근 원을 뜻하는 산스크리트어.

에는 헤세를 위한 것이었지만 차츰 그것은 평생의 꿈을 가진 내 영혼을 위해 거행되는 일종의 미사가 되어갔다.

나는 이스트리아*산産과 안데스산 적포도주를 내놓았다. 헤세와 그의 저세상 여정을 위해 잔을 들었다. 평생토록 그를 마음속 깊이 간직할 것을 약속했다. 그리고 내 꿈의 동료들 모두에게 위대한 꿈의 세계를 위해 건배했다. 매혹적인 합창단의 노래를 들으며, 시간과 공간을 넘어선 전설의 한가운데에 파묻힌 채 나는 계속 잔을 비웠다.

* 크로아티아의 지명.

두 장의 편지

1962년 10월 6일, 벨그라드

존경하는 헤세 부인에게,

취리히에서 저는 바흐의 「B단조 미사곡」과 「마태 수난곡」, 「요한 수난곡」 음반을 샀습니다. 그리고 벨그라드로 돌아와 음악을 들었습니다. 그런데 이상하게도 헤르만 헤세가 저와 함께 음악을 듣고 있는 느낌이었습니다. 저는 그 훌륭한 음악을 즐기도록 헤세에게 제 귀를 빌려드렸습니다.

존경하는 부인, 부인께서도 그렇게 해드리세요. 그분에게 부인의 감각을 빌려드리세요. 그리고 그분이 부인을 통해서 계속 사실 수 있도록 오래오래 행복하게 사시기 바랍니다. 그것은 소중한 우리의 모든 친구들을 위해 우리가 행해야만 하는 의식입니다. 삶의 저편으로 떠나간 모든 분들을 위해…….

당신의 충실한 벗,

미구엘 세라노

1962년 10월 21일

친애하는 세라노 씨에게,

남편이 그토록 좋아하던 바흐의 「미사곡」과 「수난곡」을 사 가지고 벨그라드로 가신 것을 남편이 알면 무척 기뻐할 겁니다. 남편은 1962년에 「5월의 편지」라는 글에서 「미사곡」에 관해 글을 쓴 적이 있습니다.

헤세를 잊지 말아주세요. 모든 것이 너무 빨리 잊힙니다. 세라노 씨가 헤세를 사랑했고 지금도 사랑하고 있다는 것이 저에게는 위로가 됩니다.

니논 헤세 올림

융과의 만남

1960년 퀴스나흐트에서 C. G. 융

남극에서

나는 1947년에 남극을 여행했고, 내 책 『빙원으로의 초대』[*]에서 이 여행에 관해 기술했다. 그런데 그 책에서 내가 카를 구스타프 융의 『자아와 무의식의 관계』[†]를 여행 가방에 넣고 갔었다는 말은 하지 않았다. 그 책은 내 여행 목적에 방해가 되었다. 그 책에 빠져들수록 지나쳐가고 있는 빙원을 세심하게 살필 여유가 없었기 때문이다. 여행의 마지막에야 나는 그 책과 내가 찾아갔던 그 먼 세상 사이에 어떤 관계가 있다는 것을 막연하게 깨닫기 시작했다.

나는 그때 융의 저서와 처음으로 진지하게 마주하게 되었다. 당시 나는 프로이트[‡]와 아들러[§]를 읽은 적은 있었지만 융의 『심

---

[*] 1957년 출간된 세라노의 책으로 스페인판 제목은 *Quién llama en los Hielos*, 영어판 제목은 *Invitation to the icefields*이다.

[†] *Die Beziehungen zwischen dem Ich und dem Unbewußten*(1928)

[‡] 지크문트 프로이트(Sigmund Freud, 1856~1939). 오스트리아 정신과 의사이자 정신분석학의 창시자.

[§] 알프레트 아들러(Alfred W. Adler, 1870~1937). 오스트리아 의사이자 개인심리학의

리 유형들』*에 대해서는 피상적인 것밖에 아는 것이 없었다. 제대로 된 만남이 그제야 성사된 것이다. 나는 융의 책을 파카 주머니에 넣은 채 칠레의 긴 해안을 따라 천천히 항해를 계속했다. 파타고니아를 지날 때는 계속 비가 내렸다. 배는 티에라 델 푸에고 섬을 지나 혼곶을 돌아 드디어 비글 해협과 드레이크 해협을 통과해 남극의 거대한 설원에 도착했다. 순백의 빛과 아려오는 추위가 대기에 가득하고 바다로 미끄러져 떨어지는 얼음덩이가 천둥 같은 굉음을 울리는 거대한 빙산으로 에워싸인 곳, 그곳에서 나는 융의 책으로 주의를 돌렸다. 다른 세계와 완전히 단절된 나는 현대인의 〈자아〉와 잠재의식을 분리하는 틈을 좁힐 무언가를 찾기 시작했다.

이제는 그때 그 장소에서 융의 책이 왜 그렇게 내 관심을 끌었는지 쉽게 말할 수 없다. 아마도 남극에서 확연히 알게 된 원형의 개념, 또 슬쩍 던진 예수에 관한 언급, 그리고 예수가 황량한 빙원과 다르지 않은 가혹한 세계에 갇혀 있었다는 암시 때문이었을 것이다. 어쨌든 그 책은 내게 놀라운 세계를 보여주었고, 남극의 새하얀 정적만큼이나 커다란 두려움을 불러왔다. 그 책은 내 존재의 한 부분을 강력하게 건드렸고, 막연히 인식했지만 구체화하지 못했던 생각들을 밖으로 드러내도록 만들었다.

남극에서 돌아온 나는 여행이 더 중요했는지 융의 책이 더 중

창시자.

* *Psychologische Typen*(1921). 국내에는 『심리 유형』, 『심리학적 유형』, 『심리적 유형』으로도 번역되었다.

요했는지 판단할 수 없었다. 그럼에도 융의 책을 더 이상 읽지 않았다. 나는 여행의 기억에 깊이 빠져들어 마음속으로 다시 검토하면서 여행과 내 존재의 관계를 이해하려 애썼다. 동시에 인도 여행을 더욱더 갈망하게 되었다. 그곳에서 남미의 전설과 신화의 근원을 밝혀보고 싶었기 때문이다. 게다가 요가의 가르침에 매혹되어 요가 공부도 시작한 상태였다.

몇 해 동안 연구를 계속하면서 나는 신화와 전설에 뿌리 내린 오랜 지혜를 이성적인 언어로 표현하는 것이 얼마나 어려운지 깨닫기 시작했다. 이 때문에 재차 융에게 관심을 돌렸고 『자아와 무의식의 관계』를 다시 읽었다. 그런 뒤 융이 중국과 티베트의 요가에 관해 쓴 주석을 읽는 데 열중했다. 『태을금화종지』* 해설을 읽었고, 리하르트 빌헬름†이 번역한 『주역』, 즉 『역경』에 대한 서문도 읽었다. 또 에반스 벤츠‡가 편집한 『티베트 대해탈의 서 The Tibetan Book of the Great Liberation』에 관한 융의 논평과 『티베트 사자의 서』에 대한 해설도 읽어보았다. 그 후 여러 연금술에 관한 그의 저서, 예를 들

---

* 　태을금화종지(太乙金華宗旨). 서양에서는 『황금꽃의 비밀 The Secret of Golden Flower』로 알려져 있다. 당나라 선사 여동빈의 가르침을 담은 책으로 국내에는 『태을금화종지』 혹은 『황금꽃의 비밀』로 번역되어 있다.
† 　Richard Wilhelm(1873~1930). 독일 개신교 신학자, 선교사, 중국학 연구자로 『주역』을 번역했다.
‡ 　Walter Yeeling Evans-Wentz(1878~1965). 미국의 인류학자이자 작가.

면 페트루스 톨레타누스*의 것으로 보이는 『현자의 장미정원』†에 대한 연구를 읽고, 특히 『심리학과 종교』, 『아이온』과 『변형의 상징들』‡을 읽었다. 이런 책들을 읽으면서 프로이트에게는 오직 성性과 관련되었던 리비도 Libido가 융에게는 전혀 다른 의미, 즉 탄트라 요가의 '쿤달리니'와 유사하다는 것을 알게 되었다.

융의 저서를 읽을수록 그의 '분석 심리학'이 어떤 의미에서는 입회를 위한 노정과 비슷하다는 생각이 들었고, 그 바닥에 융 자신도 자각하지 못한 어떤 다른 내용이 깔려 있는 것처럼 느껴졌다. 말하자면 정신분석가는 구루, 즉 스승이 되고 분석 대상자인 환자는 시스야, 즉 제자가 되었다. 만일 환자가 실제로는 분열을 앓거나 불완전한 상태에 있는데 신체적 건강은 완벽하다면, 융의 정신질환 치료법은 현실reality§이나 〈자기〉에 대한 새로운 감각을 만들어주기 위해 환자의 과거에서 환상에 불과한 환영과 그림자를 이끌어내려는 시도를 하는데, 이런 과정은 힌두교의 구루의 가르침과 아주 유사하다. 융이 진정으로 하고자 했던 것은 인격personality§ 혹은 〈자

---

* Petrus Toletanus(11세기~12세기). 페트루스 알폰시(Petrus Alfonsi) 혹은 페트루스 폰 톨레도(Petrus von Toledo)로도 불리는 스페인 의사. 『수도사를 위한 지침서 Disciplina clericalis』의 저자로 『현자의 장미정원』은 그의 작품이 아니다.
† *Rosarium Philosophorum*. 13세기의 연금술서로 아르날두스 데 빌라노바(Arnaldus de Villanova, 1235~1315)가 쓴 것으로 추정된다. 1550년 프랑크푸르트에서 출판되었다.
‡ *Psychologie und Religion*(1940), *Aion*(1950), *Symbole der Wandlung*(1952)
§ reality는 문맥에 따라 '현실' 혹은 '실재'로 번역했다.
§ 융 심리학에서 인격(personality)은 사람으로서의 존재, 개성, 성격을 말한다.

아〉를 파괴하지 않고 개인과 우주 사이의 대화를 성사시키는 것이었다.

    인도에서 지낸 수년 동안 나는 '시드하'*라고 불리는 특별한 존재에 대해 알게 되었다. 이들은 연금술사이자 마법사인데, 아주 오랜 옛날 사람들로 아리아인이 침입하기 전까지 인도에 거대한 영향력을 행사했다. 그들은 〈자아〉와 〈자기〉 간의 대화를 유지하려 애썼는데, 베단타학파†가 말하는 '사마디'‡가 아니라 '카이발랴'§라는 훨씬 더 깊은 무아지경에 도달하고자 했다. 카이발랴라는 단어는 '고독' 혹은 '분리'라는 뜻으로 우주, 나아가 신으로부터의 완벽한 독립을 의미한다. 시드하들은 육신의 불멸을 얻고자 했고 이를 위해 금속의 연금술적인 결합을 사용했다.

---

*   Siddha. '성취된 사람'. 높은 수준의 육체적, 영적 완전성, 또는 깨달음을 얻은 완성된 스승. 자이나교에서는 해방된 영혼을 가리킨다.
†   베단타학파. 아란야카와 우파니샤드의 철학적, 신비적, 밀교적 가르침을 연구하는 힌두교 철학 학파로 힌두교의 정통 육파철학 중 하나이다. 우타라 미맘사 학파라고도 불린다.
‡   산스크리트어 사마디 혹은 삼마디. 국어 번역은 삼매. 인도의 요가, 불교 등에서 말하는 고요함, 적멸, 적정의 명상 상태 또는 정신 집중 상태를 말한다.
§   Kaivalya. 라자 요가의 궁극적인 목표로 '고독, 분리, 격리'를 의미한다. '해탈, 해방'으로 번역되기도 한다.

융 박사와의 첫 만남

1957년 12월, 나는 융 박사에게 편지를 썼다. 내가 「힌두스탄 타임스」에 기고한 「자아를 십자가에 매달기Crucifixion of the Ego」라는 글도 함께 보냈다. 당시 인도 부통령이었던 철학자 사르베팔리 라다크리슈난*이 그해 초 델리에서 열린 세계종교회의에서 했던 연설이 그 글을 쓰는 계기가 되었다. 융은 내 편지에 직접 답장을 하지는 않았지만, 그의 비서인 아니엘라 야페†를 통해 융이 내 기사를 읽었다는 소식을 들었다. 융은 과로와 질병 때문에 직접 답장을 할 수 없었다.

당시 인도에서의 내 삶은 아주 이상했다. 아무 목적도 목표도 없이 하루하루를 보냈고, 마치 시간 밖에 존재하는 느낌이었다. 삶에 대한 이런 느낌은 마치 부러진 채 둥둥 떠다니는 유목 조각처럼

---

* Sarvepalli Radhakrishnan(1888~1975). 1962~1967년까지 인도 대통령을 역임했다.
† Aniela Jaffé(1903~1991). 조지프 헨더슨, 마리루이즈 폰 프란츠, 욜란데 야코비와 함께 융 학파의 일원.

무의식 안으로 밀려들었다. 가끔 나는 가부좌를 틀고 앉아 요가 수행에 열중했다. 그러면서 특히 성스러운 음절인 옴Om에 집중했다. 융의 용어를 빌리자면 내 영혼을 위한 투쟁의 시절이었다고 할 수 있다. 이런 상황에서 나는 『시바 여왕의 방문』*을 쓰고 있었지만, 이 책이 그와 유사한 일련의 이야기들, 즉 내면의 기이한 불안의 첫 산물이 되리라고는 예상하지 못했다. 융과 처음 만났을 때 나는 동양과 서양의 상징들을 내 삶의 '전설들'과 하나로 엮은 그 첫 작품을 선물했다.

융과 나의 관계에서 인도가 얼마나 중요한 의미를 가졌는지는 말로 다 할 수 없다. 그곳에서 얻은 체험이 아니었다면 나는 결코 이 위대한 인물의 관심을 끌지 못했을 것이다. 인도는 우리를 이어준 고리가 되었다. 헤세에게 그랬듯이 융에게도 인도는 아주 중요했기 때문이다. 네루 수상의 딸 인디라 간디 여사는 융과 그의 상징 연구에 관심을 가진 미국 여성 도로시 노먼†에게 나를 소개해주었다. 내가 융을 만나고 싶어 한다는 것을 알게 된 노먼 여사는 취리히에 있는 융의 제자 욜란데 야코비‡ 박사에게 전보를 보내 융과의 인터뷰를 부탁했다. 하지만 야코비 박사의 도움으로도 당시에는 융을 만나기 어려웠다. 그가 완전히 은거한 상태였던 까닭이다. 후에 나는 취리히에서 야코비 박사를 만났는데 그녀는 융이 로카르

---

*   *Las visitas de la Reina de Saba*. 융이 서문을 썼다.
†   Dorothy Norman(1905~1997). 미국의 사진가, 작가, 편집자, 예술 후원자.
‡   Jolande Jacobi(1890~1973). 유대계 심리학자로 융의 제자이자 오랜 동료였다.

노에서 휴가 중이라고 알려주었다. 헤세를 만나러 가는 길에 로카르노를 지나기에 나는 융을 만나보기로 결심했다.

1959년 2월 28일 오후, 로카르노에 있는 호텔 에스플라나데의 큰 홀에서 나는 융 박사를 기다렸다. 계단을 내려오는 모습을 보고 곧바로 그를 알아보았다. 큰 키에 등이 굽고, 머리카락은 희고 숱이 적었으며, 손에는 파이프를 들고 있었다. 그는 상냥하게 영어로 인사를 건넸고, 편히 이야기를 나눌 수 있게 난간으로 홀과 분리된 구석 자리에 가서 앉자고 했다.

"막 인도에서 오셨다고 들었습니다." 융이 말을 꺼냈다. "저도 오래전에 그곳에 갔었습니다. 힌두인들에게 〈자아〉 혹은 의식의 관념은 제거할 수 없다는 사실, 가장 깊은 사마디의 경지에서조차 그럴 수 없다는 사실을 설득하려고 했지요."

융 박사는 곧바로 중심 주제로 대화를 시작했다. 그의 몸짓과 말은 근엄하고 고상했다. 당시 여든둘이었는데도 활기와 뜨거운 열정이 넘쳤다.

그는 말을 이었다. "벵골의 캘커타 대학에 있을 때였습니다. 저는 여러 브라만 의사들, 교수들과 이 문제에 관해 토론한 적이 있습니다. 아무도 저를 이해하지 못했습니다. 저는 설명을 해봤습니다. 예를 들어 라마크리슈나*가 드높은 법열에 빠져 의식을 완전히 끊을 수 있다면, 바로 그 순간은 전혀 존재하지 않은 것이라고 말입

---

*   Ramakrishna(1836~1886). 인도의 신비주의 종교가.

니다. 그는 그 순간을 기억할 수도 설명할 수도 없고, 확실히 실재했던 것으로 느끼지도 못합니다."

융의 말을 들으면서 나는 우리가 함께하는 이 짧은 시간을 또렷이 기억하는 것이 정말 중요하게 생각되어서 집중하려고 노력했다. 가끔 조롱과 풍자가 섞이기는 해도 말할 때는 활력이 뿜어져 나올 뿐만 아니라, 그의 내면에는 호의가 자리 잡고 있다는 것을 알 수 있었다. 제일 감동받은 것은 그를 에워싼 비밀스러운 혹은 신비한 기운이었다. 게다가 이 온화한 인물은 잔인하고 파괴적인 면도 있어서, 불꽃이 여기에 불을 붙이는 경우 예기치 않게 그런 면이 불쑥 튀어나올 수 있었다. 상대방을 꿰뚫어 보는 그의 눈은 안경 너머를, 어쩌면 시간 너머를 보는 것 같았고, 코는 매부리코였다. 나는 그의 젊은 시절과 장년기의 사진을 많이 봤지만, 그 사진들과 지금 내 앞에 앉은 사람 사이에서 어떤 유사점도 찾을 수 없었다. 이런 변화에 나는 무척 놀랐다. 내 앞에 앉아 있는 그가 옛날 연금술사를 연상시켰기 때문이다. 헤세의 손처럼 융의 손도 마디가 불거져 있었다. 왼손 약지에는 이상한 모양을 새긴 검은 보석이 박힌 금반지를 끼고 있었다.

대화가 즐겁고 편안해져서 생각했던 것보다 훨씬 오래 이야기를 나누게 되었다. 처음 보는 사람이 아니라 오랜 지인을 만난 느낌이었다. 나를 기다려온 사람을 만난 것 같았고, 잘 아는 사람이 나를 기다리고 있었던 것 같기도 했다. 다시 융의 이야기로 돌아가 보자.

"무의식이란 의식하지 못한다는 의미입니다. 아무도 살아 있는 동안 그런 상태에 도달하지 못합니다. 힌두인들의 주장대로 나중에 기억할 뿐이죠. 기억하려면 의식 있는 목격자가 필요한데 그 사람은 자기일 수도, 의식이 있는 어떤 존재일 수도 있습니다. 저는 이 문제에 대해 마이소르*의 구루 마하라자†와 토론한 적이 있습니다." 융은 잠시 말을 멈추고 파이프로 난간을 두드렸다.

그래서 내가 말을 이었다. "저는 늘 힌두인이 윤회‡의 굴레에서 벗어나기 위해서 〈자아〉로부터 벗어나려 한다고 생각했습니다. 힌두인에게 영겁이란 지속적인 불면증 상태와 같은 것입니다. 그래서 전체라는 개념 속에 자신을 혼합시키려 합니다. 이것이 현대 힌두인이 원하는 것입니다. 하지만 박사님도 아시다시피 시드하들은 완전히 다른 것을 추구했습니다. 이제 박사님께서 〈자아〉와 그것을 초월하는 것 사이의 대화를 연결하시려는 것이 이해됩니다. 의식의 빛을 무의식 속으로 점점 더 투사하길 원하신다는 것도 말입니다…… 그리고 당연한 귀결로 집단 무의식에 대해 말씀하신 것도 이해합니다. 양극성의 법칙에 따라 집단 무의식은 존재할 수도 있고, 초의식Super-conscious까지도 존재할 수 있다고 생각합니다. 이것

---

* Mysore. 인도 카르나타카주에서 두 번째로 큰 도시. 옛 마이소르 왕국의 수도.
† mahārāja. 일반적으로 왕(raja) 위에 위치하는 힌두 제왕으로, 역사적으로는 토후국 통치자를 지칭한다.
‡ Saṃsāra, 輪廻. 해탈의 경지에 도달하지 못한 사람은 그 깨달음, 경지 또는 구원된 상태에 도달할 때까지 계속해서 이 세상으로 재탄생한다는 내용의 교리.

이 어쩌면 힌두인이 말하는 상태, 즉 사마디 혹은 보다 강력하게 카이발랴를 체험했을 때 도달하고자 하는 상태가 아닐까요? 초의식의 상태에 도달하려면 우선 일상적 삶의 합리적 의식으로부터 자신을 해방시켜야만 할 겁니다. 따라서 박사님과 힌두인이 서로 이해하지 못한 것은 단순한 오해의 결과인 것 같습니다. 아니면 힌두인이 〈자아〉를 극복하길 원한다고 말할 때, 그 말이 의미하는 것에 대한 이해가 충분치 못한 것 아닐까 싶습니다."

"그럴지도 모릅니다." 융이 대답했다. "알려진 바와 같이 힌두인들은 합리적인 설명에 약합니다. 그들은 대부분 비유나 이미지로 생각합니다. 이성에 호소하는 것에는 관심이 없습니다. 물론 동양이 다 그렇기는 하지요……. 초의식에 대한 당신의 가설에 대해 말하자면, 그것은 형이상학적 개념이라서 제 관심 밖에 있습니다. 저는 오직 사실과 경험에만 근거를 두려 합니다. 그리고 지금까지 무의식 안에서 확정적이거나 확실한 중심을 찾지 못했습니다. 그런 중심이 존재할 것이라고 믿지도 않습니다. 제가 〈자기〉라고 부르는 것은 〈자아〉와 무의식 사이, 양쪽에서부터 똑같은 거리에 있는 이상적 중심이라고 생각합니다. 아마도 그것은 완성 상태, 혹은 전체성의 상태에 있는 개체성individuality에 대한 가장 포괄적이고 자연스러운 표현일 겁니다. 자연이 자신을 표현하기를 열망하듯 인간 역시 그렇습니다. 〈자기〉는 전체성의 꿈입니다. 그래서 창조된 무엇인가를 위해서는 순수하게 이상적인 중심이 중요합니다. 힌두인들은 이 점을 아주 현명하게 서술했습니다. 상키아* 철학자들에 따르면 '푸루샤'[†]는 〈자기〉이며, '아트만'[‡] 역시 이와 유사한 것이라고 합니다. 하지만 그런 것을 늘 비유의 형태로 정의합니다. 스승을 찾아가 아트만이 무엇이냐고 물어봤던 제자의 이야기를 아십니까? 스승은 '그것은 모든 것이다'라고 대답했습니다. 그러자 제자가 '마하라자의 코끼리도 아트만이겠네요?'라고 우겼습니다. 스승은 '그렇지. 너도 아트만이고, 마하라자의 코끼리도 그렇지'라고 했습니다. 이런 대답을 듣고 제자는 아주 만족해서 떠났습니다. 돌아가는 길에 제자는 마하라자의 코끼리를 만났습니다. 그런데 그는 길에서 비켜나지 않았습니다. 만일 그도 코끼리도 모두 아트만이라면 코끼리가 자신을 알아볼 것이라고 생각했기 때문입니다. 코끼리를 모는 사람이 비키라고 소리쳤지만 그는 꼼짝도 하지 않았습니다. 결국 코끼리가 코로 그를 감아서 길가로 던져버렸습니다. 다음 날 상처투성이가 된 제자가 다시 스승에게 가서 말했습니다. '스승님께서는 저와 코끼리는 모두 아트만이라고 말씀하셨습니다. 하지만 코끼리가 제게 무슨 짓을 했는지 보십시오.' 스승은 조용히 듣고 있더니 코끼리 모는 사람이 뭐라 하더냐고 물었습니다. '길에서 비키라고

---

*   삼키아학파(Sāṃkhya學派), 샤캬학파 또는 상키아학파라고도 한다. 힌두교의 정통 육파철학 중 하나로, 불교 경전이나 논서에서는 수론파(數論派)로 한역(漢譯)되어 불리고 있다.

†   Purusha. 상키아 철학에서 우주의 근본을 이루는 두 가지 원리 중 하나인 순수정신이다. 또 다른 하나는 근본물질(prakṛti)이다.

‡   Atman. 인도 철학에서 가장 기본적인 개념 중의 하나. 인간 존재의 영원한 핵으로, 죽은 뒤에도 살아남아 새로운 생명으로 다시 태어나거나 존재의 굴레에서 해방된다고 한다.

했습니다.' 제자가 대답하자 스승이 이렇게 말했습니다. '그러면 그가 말한 대로 했어야지. 코끼리를 모는 사람도 아트만이니까.'" 융은 웃으면서 말을 이었다. "힌두인들은 모든 것에 대한 대답을 알고 있습니다. 영리한 사람들이에요."

"힌두인들은 항상 상징에 푹 빠져 삽니다." 내가 대답했다. "상징에 묻혀 살지만, 그것을 해석하지 않고 다른 사람이 해석하는 것도 좋아하지 않습니다. 그렇게 하면 상징이 파괴되는 것 같아서죠. 박사님께서 그렇게 오랜 세월 인도와 동양 문화 연구에 헌신하셨는데도 박사님의 연구서가 인도에서 잘 알려지지도, 논의되지도 않는 것 또한 바로 이 때문이라고 생각합니다. 박사님은 상징을 해석하시니까요. 하지만 인도와 달리 우리나라에서 박사님은 아주 유명하고 저술도 많이들 읽습니다."

"알고 있습니다. 항상 칠레와 남미의 여러 나라에서 편지를 받고 있으니까요. 그런데 내 모든 연구는 곧바로 나 자신을 향한 것이라서, 그런 편지에 놀랍니다. 내가 쓴 모든 책들은 사적인 개성화 과정*의 부산물입니다. 풀리지 않는 사슬로 과거 혹은 미래와 연결되어 있지만 말입니다. 내 책들은 대중적이지도 않고 대중을 겨냥하지도 않습니다. 그래서 여기저기서 기대하지도 않은 성공을 거두어 놀라고 있습니다. 이런 성공은 좋은 게 아니라서 걱정이 됩니

---

* Processes of individuation. 의식과 무의식 사이의 대화적 대립의 과정으로 의식적, 무의식적 내용은 상징들 안에서 통합된다. 개성화 과정의 목적은 인간 본연의 모습을 간직한 인간이 되는 것이다.

다. 왜냐하면 진정한 연구는 소리 없이 이루어지는 것이고 극소수 사람들의 마음에만 반향을 일으키기 때문입니다. 중국의 옛 격언에 '자기 방에 혼자 앉아 바른 생각을 하고 있으면 수천 리 떨어진 곳에서도 그의 소리가 들린다'는 말이 있습니다……."

융은 잠시 말을 멈추더니 다시 이야기를 계속했다.

"그래요, 인도는 정말 특이하게 매력적인 나라입니다. 그곳에서의 체험을 당신은 제대로 받아들여야 하고 그럴 때가 올 때까지 열정적으로 체험해야 합니다……. 나는 서양 기독교 사회의 일원으로서 한때 이 동양의 세계를 만나보길 원했고, 그곳으로 향하는 길을 시험하기 위해 그런 체험을 해보았습니다. 힌두인과 유사하지만 서양에서는 대부분 잠들어 있는, 내 안의 그런 영역들에 생명을 불어넣고 싶었습니다. 그래서 1938년에 인도로 떠났던 겁니다. 지금 그 나라에 대해 내가 어떻게 생각하는지 말해보겠습니다. 내가 보기에 인도인은, 진짜 인도인이라면, 우리와 같은 방식으로 **생각하**지 않습니다. 그들은 생각을 **감지**합니다. 이런 점에서 인도인은 원시적 사고방식에 아주 가깝습니다. 인도인이 원시적이라는 것은 아니고, 단지 그들의 사고 과정이 사고를 만들어내는 원시적 방법을 연상시킨다는 것입니다. 본질적으로 원시적인 추리는 무의식의 기능으로, 이 기능은 즉각적인 결과만을 인식합니다. 우리는 원시시대에서부터 쉬지 않고 발전해온 문명에서 그런 종류의 사고를 발견하길 바랄 뿐입니다. 서유럽에서 우리의 자연적인 발전은 우리보다 더 높은 어떤 문명에서 발달한 심리학과 영성靈性의 도입으로 인해 깨졌습니다. 야만적이고 다신교적인 신앙을 갖고 있던 아주 이른 시절부터 우리는 방해를 받았습니다. 이 신앙은 억지로 지하로 내몰려 지난 2,000년 동안 그곳에 남아 있었습니다. 이것이 서양의 정신 속에서 보이는 분열을 설명해줄 수 있다고 저는 확신합니다. 아직 원시적인 상태에 있을 때 우리는 기독교의 은총과 사랑이라는 비교적 까다로운 가르침을 수용하도록 강요받았습니다. 그래서 서양인의 정신에서 의식과 무의식 사이에 분열이 생긴 겁니다. 의식 있는 사고思考는 불합리하고 본능적인 충동에서는 벗어났지만, 총체적인 개체성은 사라졌습니다. 서양인은 의식적 개인성personality과 무의식적 개인성이 분리된 인간이 되어버렸습니다. 의식적 개인성은 쉽게 길들일 수 있습니다. 원시적인 면에서 분리된 것이기 때문입니다. 그래서 당연히 서양의 우리는 고도로 문명화되고 조직화되고 합리화되었습니다. 반면 우리는 무의식적 개인성을 억제했기 때문에, 원시적 인간의 교육과 문명을 이해하거나 공감하지 못하게 되었습니다. 그럼에도 불구하고 우리의 무의식적 개인성은 여전히 존재하고 있고, 통제되지 않는 형태로 가끔 폭발하기도 합니다. 그래서 극히 놀라운 야만으로 되돌아가기도 합니다. 우리가 과학과 기술에서 성공하면 할수록 우리의 발견과 발명은 끔찍하게 사용될 수도 있습니다.

인간의 의식적인 면을 일깨우는 것이 인간을 문명화시키는 유일한 방법이 아니고, 어떤 경우에는 이상적인 방법도 아닐 수 있습니다. 인간의 다양한 측면 대신 전체를 고려하는 것이 훨씬 더 만족스러운 접근법일 것 같습니다. 인간의 높은 존재와 낮은 존재 사이에 존재하는 치명적인 분열을 막고, 대신에 의식적 인간과 원시적 인간을 반드시 통합해야 합니다. 인도에서 우리는 원시성 primitivism의 모든 본질을 포함한 문명을 찾을 수 있습니다. 전체로 볼 수 있는 인간도 봅니다. 인도의 문명과 심리학이 잘 표현된 곳은 사원입니다. 사원은 우주를 표현하기 때문입니다. 이 점을 언급하는 이유는 특히 **생각하지 않음** not thinking이 무엇을 의미하는지 설명하기 위해서입니다. 내가 말하려는 것은 단순합니다. 감사하게도 여전히 생각하는 방법을 배우지 못한 사람이 있다는 겁니다. 그는 자신의 사고를 환영vision 혹은 살아 있는 존재로 여겨서 자신의 신들을 직관적인 실재에 근거한, 눈에 보이는 사고로 인식합니다. 그 사람은 자신의 신들과 화해하고 그들과 더불어 삽니다. 그가 영위하는 삶이 자연에 가까운 것은 사실이며, 그 삶은 희망과 잔인함과 불행과 질병과 죽음으로 가득합니다. 그렇지만 완벽함, 만족감, 이해할 수 없는 감정적 아름다움을 갖기도 합니다. 문명의 논리는 의심의 여지 없이 불완전합니다. 그래서 우리는 '미신'이라고 부르는 것 바로 옆에 서양 과학의 단편들이 놓여 있는 것을 보고 있습니다. 이런 모순이 우리한테는 별나지만, 인도인에게는 그렇지 않습니다. 만약 이런 모순들이 존재한다면 그것은 자율적인 사고의 특색일 뿐이며, 그것 자체에게 책임이 있습니다. 인도인 자체는 이런 모순에 책임이 없습니다. 왜냐하면 그의 사고는 **그에게로 온** 것이기 때문입니다. 이 현상은 인도인이 우주의 세부 사항에 대해 관심이 부족하다는 점으로 설명이 가능합니다. 인도인들은 오직 총체에 대한 예지를 갖는 데만 관심이 있습니다. 하지만 유감스럽게도 살아 있는 세계가 두 견해 사이의 싸움 속에서 파괴될 수 있다는 생각을 하지 못합니다……."

융 교수는 말을 멈추고 다시 의자에 등을 기댄 채 먼 곳을 바라보았는데, 인도 사람들을 생각하고 있는 것 같았다.

내가 말을 이었다. "네, 그것이 인도입니다. 자연 그대로의 거대한 문명 a great natural civilization, 아니 차라리 자연의 문명 a civilization of Nature입니다. 사실 동양 전체가 그렇다고 말할 수 있습니다. 적어도 최근까지 동양은 자연을 지배하려 들지 않았습니다. 자연의 법칙을 존중하고 이해하려 했고 그 법칙에 의미를 부여하려고 했습니다. 동양은 적어도 '페르소나'에 대한 감각이 없습니다. 그저 원형만 알고 있죠. 물론 페르소나라는 개념이 꼭 선하지는 않다는 걸 압니다. 어쩌면 반대일지도 모릅니다만……."

"맞습니다. 인도는 원형에 빠져 있죠." 융이 말했다. "인도에 갔을 때 스와미들이나 구루를 만날 계획이 없었던 것도 그 때문입니다. 서머싯 몸*에게 큰 관심을 보냈던 라마나 마하르쉬†도 보러

---

*   William Somerset Maugham(1874~1965). 영국 작가. 1938년 1월, 라마나 마하르쉬를 만나러 갔다가 기절하고 마하르쉬가 그를 위해 명상을 한 뒤 깨어났다. 이 사건 후 20년이 지난 1958년에 출판한 『성인 The Saint』에 그는 그때의 일을 기록했다.

†   Ramana Maharshi(1879~1950). 인도의 성자로 '큰 스승', '바가반', '아루나찰라의 현인'으로 불린다.

가지 않았습니다. 그럴 필요가 없다고 생각해서였습니다. 스와미가 어떤 사람들인지 알고 있었고, 그들이 원형을 어떻게 생각하는지도 잘 알고 있었습니다. 그것으로 그들 모두를 알기에 충분했습니다. 서양처럼 개인의 차이가 극단적으로 존재하지 않는 그런 세계에 있는 그들 말입니다. 그런데 우리는 좀 더 다양하지만, 피상적일 뿐이죠……."

잠시 침묵이 흘렀다. 내가 말했다.

"박사님은 자신을 좀 더 잘 알기 위해 인도에 갔노라고 하셨습니다. 저는 제 자신과 유사한 어떤 것을 찾으러 갔습니다. 우리 남미 사람이 대체 누구인지를 알고 싶었기 때문입니다. 우리는 아시아인도 유럽인도 아닙니다. 박사님은 힌두인이 자신의 사고를 생각하지 않는다고 하셨습니다. 저는 그 말씀을, 힌두인이 자신의 정신, 즉 두뇌로 생각하지 않지만 그의 사고는 존재의 어떤 다른 중심에서 생산된다는 것으로 이해했습니다. 그게 가능하다고 생각하시나요? 제가 보기에 우리 남미 사람들은 늘 이성적인 중심이 아니라, 어떤 다른 지점에서 생각하는 것 같았습니다. 우리의 첫 번째 과제는 그 다른 중심이 무엇인지를 알아내는 것입니다. 그래야 우리 존재를 이해하기 시작할 수 있거든요. 그 중심은 어디에 있을까요? 요가의 심적 중심인 '차크라'를 진지하게 받아들여야 한다고 생각하십니까?"

---

* Chakra. 인체의 여러 곳에 존재하는 정신적 힘의 중심점을 이르는 말.

"아주 흥미로운 질문입니다." 융이 대답했다. "푸에블로 인디언* 족장과 나눈 이야기가 떠오릅니다. 족장의 이름은 '산의 호수'라는 뜻의 오크와이 비아노였습니다. 그가 저에게 백인에 대한 인상을 말해주었습니다. 그의 말에 따르면 백인들은 항상 마음이 언짢고, 항상 무엇인가를 찾고, 그래서 그들의 얼굴에는 한없는 불안을 나타내는 주름이 진다고 합니다. 오크와이 비아노는 백인들이 미쳤다고도 생각했습니다. 백인들은 머리로 생각하는데, 말하자면 미친 사람들만이 그렇게 한다고 그들은 생각했어요. 저는 푸에블로 인디언 족장의 이런 주장에 놀라서, 그렇다면 당신은 어떻게 생각하는지 물어봤습니다. 그는 당연히 심장으로 생각한다고 대답했습니다."

융은 이렇게 덧붙였다. "그런데 고대 그리스인들도 그런 식으로 생각했습니다."

"특이하군요." 내가 말했다. "아시다시피 일본인들은 사람의 중심은 명치†라고 주장합니다. 그런데 박사님은 백인들이 머리로 생각한다고 믿으십니까?"

"아뇨. 그들은 그저 혀로 생각합니다." 융이 목에 손을 대며 말

---

*   Pueblo Indian. 뉴멕시코주와 애리조나주, 텍사스주에 살았던 아메리카 원주민을 말한다. 1600년경 스페인 정복자들이 들어왔을 때 그들을 '부락을 이루고 사는 이'란 뜻으로 푸에블로 인디언, 푸에블로인이라고 부른 것이 그들을 일컫는 용어가 되었다. 푸에블로는 스페인어로 '부락'이라는 뜻이다.

†   solar plexus. 해부학에서는 '복강 신경총' 혹은 '태양신경총'이라고 한다.

했다. "그들은 그저 말로만, 오늘날에는 로고스*를 대신하는 말로만 생각합니다……"

"그럼 박사님, 차크라에 대해서는 어떻게 생각하십니까? 어떤 사람들은 차크라가 서양 과학의 신경중심과 상응한다고 주장합니다. 그리고 정말 차크라는 신경중심들과 같은 장소에 자리 잡고 있는 것 같습니다. 당연히 탄트라 요기들은 차크라와 나디†가 심적 중심이지, 생물학적 또는 신체적 중심은 아니라고 합니다. '척추'를 따라 자리 잡고 있지만 심적이라고 합니다. 따라서 차크라는 잠재적으로만 존재하는 것입니다. 그것들은 의지의 행위를 통해서만 존재 안으로 들어오는데, 보통은 요가 연습을 통해서입니다. 어쩌면 차크라는 〈자기〉와 같은 것일지도 모릅니다. 박사님이 조금 전에 말씀하셨듯이 우선 창조되어야만 하는 그런 것 말입니다. 어쨌든 고대 동양 과학에 대한 많은 의문들이 아직도 풀리지 않고 있습니다. 그리고 그들의 문명을 파괴한 대변동 속에서 이제 많은 기술들이 사라진 것 같습니다."

융이 말했다. "차크라는 의식의 중심입니다. 쿤달리니이고 불뱀입니다. 그것은 척추의 기저에 있습니다. 척추를 따라 달리며, 아래에 있는 것과 위에 있는 것을 결합하고 그 반대도 결합하는 감정의 흐름입니다."

---

*   Logos. 1. (이해를 목표로 하는) 말, 언어. 2. 인간 혹은 신의 이성, 포괄적 참뜻, 우주의 이법(理法), 세계 이성. 3. (논리적) 판단, 의미, 개념
†   Nadi. 요가에서 생명의 기운, 즉 기(氣)가 흐르는 통로를 말한다.

융 박사는 여러 차크라의 산스크리트어 이름을 기억해내려 말을 멈췄다. "저는 이제 많이 늙어서 기억을 잃어가고 있습니다." 그가 말했다. 하지만 그의 말과는 달리 내가 보기에 그의 기억력은 굉장했다.

그가 말을 이었다. "제일 아래쪽에서부터 시작해서 척추의 저부에 '물라다라 차크라'*가 있고, 그다음에는 명치 부근의 '마니푸라', 그다음에는 심장 안에 있는 '아나하타', 목구멍 안에 있는 '비슈다', 미간에 있는 '아즈나', 그리고 마지막으로 백회†에 있는 '브라흐마 차크라'가 있습니다. 위치는 제가 말씀드리려는 어떤 관념을 설명하기 위해 사용될 뿐입니다. 차크라는 의식의 중심입니다. 낮은 것들은 동물적인 의식에 해당됩니다. 물라다라 아래에는 다른 것도 있습니다."

"만일 이 모든 중심들을 활성화할 수 있다면, 전체성에 도달할 수 있을 겁니다." 내가 말했다. "그래도 그것은 아마도 하나의 차크라에서 다른 것으로 가는 진자 운동처럼 보이는 역사, 그것의 끝일 겁니다. 말하자면 각각의 문명은 어떤 특정한 차크라를 표현하는 것 같습니다. 그리고 다양한 유형의 의식들이 세계의 다양한 곳, 다양한 시대에 나타나는 것 같습니다." 나는 융 박사에게 그의 〈자기〉 개념을 정의할 수 있는지, 그리고 개인성의 진정한 중심이 무엇

---

* Muladhara, 뿌리 차크라라고도 한다. 일곱 가지 주요 차크라 중 하나.
† 머리 정중선 중앙에 있는 경혈(經穴). 의식을 깨우는 대표적인 혈이다.

이라고 생각하는지 물어보았다.

융이 말했다. "〈자기〉란 그 중심은 어디에나 있지만, 그 둘레는 아무 곳에도 없는 원입니다." 융 박사는 이 말을 라틴어로 했다. "서양인들에게 〈자기〉가 어떤 의미인지 아십니까? 그것은 그리스도입니다. 그리스도는 영웅의 원형이며, 인간 최고의 열망을 대표하기 때문입니다. 이 모든 것은 아주 신비스럽고 가끔은 두렵기까지 합니다." 융은 잠시 침묵에 잠겼다.

작별할 때 나는 그를 위해 특별히 가져왔던 내 책 『시바 여왕의 방문』의 영어판을 선물했다. 나는 그 책에 스페인어로 특별한 헌사를 적어 왔다.

조금 뒤 우리를 향해 세 사람이 다가왔다. 한 사람은 검은 옷을 입은 여인이었다. 그녀는 저녁 식사 시간이라고 그에게 알려주었다. 시간이 정말 빨리 흘렀다. 자리를 뜨려고 일어나 융 박사에게 악수를 청했다. 우리가 또다시 만날 수 있을까 하는 생각, 우리가 나눌 많은 이야기가 남아 있다는 생각이 들었다. 그는 작별 인사를 했고, 나는 로카르노의 눈부신 빛 속으로 걸어 나왔다.

1959년 5월 5일 – 두 번째 만남

이튿날, 나는 헤르만 헤세를 만나러 몬타뇰라로 갔다. 돌아오는 길에 융 박사를 다시 만나야겠다고 마음먹었다. 그사이 융이 휴가를 마치고 집으로 돌아갔다는 것을 알고 취리히 근처 퀴스나흐트에 있는 그의 집으로 전화를 걸었다. 큰 기대는 안 했다. 융 박사가 방문객을 거의 받지 않았기 때문이다. 만일 내가 전화를 하지 않았더라면, 융 박사와 나의 관계는 분명 끝났을 것이다. 인도에 있을 때 연락했던 융 박사의 비서 아니엘라 야페가 전화를 받았다. 그녀는 내 요청에 머뭇거리더니, 융 교수는 아무도 만나지 않으며 건강이 좋지 않다고 했다. 나는 로카르노에서 그와 만난 적이 있다며 방문해도 되는지 물어봐달라고 간청했다. 야페 여사는 전화를 내려놓더니, 잠시 뒤에 돌아와 오후 네 시에 융을 만날 수 있다고 말했다.

나는 즉시 출발해서 퀴스나흐트에 있는 그의 집에 제시간에 도착했다. 출입문 위에는 라틴어로 다음과 같은 글이 쓰여 있었다. 'Vocatus adque non vocatus, Deus aderit(부르든 부르지 않든 신은 존

재한다).'

집 안은 어두컴컴했다. 로카르노에서 융과 같이 있을 때 보았던 여성이 인사를 건네며 자신을 미스 베일리*라고 소개했다. 그녀가 위층으로 안내해 계단을 올라갔다. 벽에는 중세와 르네상스 시대의 오래된 그림들이 걸려 있었다. 나는 위층 작은 방에서 융을 기다렸다.

곧 융이 와서 반갑게 인사를 건네더니 서재로 가자고 했다. 그곳의 창문으로는 호수가 보였다. 방 한가운데에는 종이가 수북이 쌓인 책상이 있었고, 벽을 따라 많은 책꽂이가 세워져 있었다. 청동으로 된 불상 몇 개와, 책상 위에 있는 카일라스산 정상의 시바 신을 그린 큰 두루마리가 눈에 띄었다. 그 그림을 보자 여러 번 갔던 히말라야 순례 여행이 선명히 떠올랐다. 우리는 창가에 앉았다. 융 박사는 맞은편의 커다란 안락의자에 앉아 편안한 자세를 취했다.

"시바 여왕에 대한 당신의 이야기는 일반적인 소설이라기보다는 시에 가깝더군요." 융이 말했다. "왕과 시바 여왕의 관계는 모든 것을 내포하고 있는 것 같습니다. 정말 신성한 관계입니다."

나는 조용히 듣고 있었다. 융이 말을 이었다.

"하지만 만일 실제로 시바 여왕 같은 사람을 만난다면, 결혼만은 조심하십시오. 시바 여왕은 마법 같은 사랑을 위한 사람이지

---

* 루스 베일리(Ruth Bailey)는 제1차 세계대전 때 간호사로 근무했고, 아프리카로 가는 배에서 처음 융을 만났다. 1950년대 대부분을 융과 함께 보냈고, 1961년 6월에 그가 사망할 때 함께 있었다.

결혼을 위한 사람은 아닙니다. 만일 그녀와 결혼한다면 당신과 그녀 둘 다 파멸할 것이고 당신의 영혼은 분열될 겁니다."

"압니다." 내가 대답했다.

"정신과 전문의로 오랜 경험을 했지만, 충족한 결혼은 한 번도 보지 못했습니다. 그런 결혼이 있다고 생각했던 적이 있기는 합니다. 어떤 독일 의사가 자신의 결혼이 그렇다고 장담했기 때문입니다. 베를린에 사는 그를 방문할 때까지는 믿었습니다. 그런데 그의 아내가 비밀 아파트를 갖고 있다는 것을 알게 되었습니다. 그리고 상호 간의 이해understanding에 전력하는 결혼은 개인의 인격 발달에 좋지 않습니다. 그런 결혼은 대중의 집단적 어리석음과 같은, 가장 낮은 공통분모로 내려가는 것입니다. 이쪽 혹은 저쪽이 그런 신비를 꿰뚫어 들춰내기 시작하는 것은 피할 수 없는 일입니다. 보십시오, 이런 것입니다……."

융은 성냥갑에서 성냥이 든 서랍 부분을 밀어냈다. 그렇게 서랍과 성냥갑을 분리해서 책상 위에 올려놓자, 두 개는 같은 크기로 보였다. 융은 서랍이 쑥 들어갈 때까지 성냥갑 안으로 밀어 넣었다.

"이렇습니다." 그가 말했다. "두 쪽이 똑같아 보입니다. 하지만 실제로는 그렇지 않습니다. 그래서도 안 됩니다. 왜냐하면 한쪽이 항상 다른 것을 포함하거나, 아니면 다른 것의 바깥에 있어야 하기 때문입니다. 이상적으로 생각한다면, 남자는 여성을 포함해야만 하고 동시에 그녀의 밖에 머물러야 합니다. 그런데 이것은 인간이 얼마나 여성적이고 남성적인가 하는 정도의 문제입니다. 예를 들어

동성애자의 55퍼센트가 여성입니다. 기본적으로 남자는 일부다처를 지향합니다. 이슬람 제국 사람들은 이것을 아주 잘 알고 있습니다. 하지만 동시에 여러 명의 여성과 결혼하는 것은 원시적인 해결책이고, 오늘날에는 돈이 많이 드는 해결책입니다."

융은 한바탕 웃고 이야기를 계속했다.

"제가 보기에 프랑스인은 3이라는 숫자에서 제대로 된 해결책을 발견한 것 같습니다. 이 숫자는 종종 당신이 시바 여왕을 만난 것과 같은 주술적 결혼에서 나타납니다. 이것은 프로이트의 성 해석이나, D. H. 로런스*의 생각과는 아주 다른 어떤 것입니다. 예를 들면 프로이트는 근친상간을 잘못 해석했습니다. 이집트에서 근친상간은 주로 종교적이었고, 개성화 과정과 관계가 있었습니다. 실제로 왕은 개인이었고 백성은 단지 무정형無定形의 대중이었을 뿐입니다. 그래서 왕은 국가의 개체성을 보호하고 지키기 위해 자신의 어머니나 여형제와 결혼해야 했습니다. 로런스는 어머니한테서 지나치게 많은 영향을 받았기에 성의 중요성을 과장하고 여성을 과대평가했습니다. 왜냐하면 그는 계속 어린아이였고 세상에 적응할 능력이 없었기 때문입니다. 그와 같은 사람들은 종종 호흡기 질환을 앓습니다. 그런 질환은 주로 청소년들에게 나타납니다. 다른 특이한 경우는 생텍쥐페리입니다. 저는 그의 아내에게서 그에 관한

---

* David Herbert Lawrence(1885~1930). 영국의 소설가. 성(性)에 대한 소설을 여러 편 썼다.

중요하고도 세세한 이야기를 많이 들었습니다. 당신도 알다시피 비행은 일종의 도피 행위입니다. 지구에서 벗어나고자 하는 시도입니다. 하지만 지구는 받아들여야 하고 인정해야만 하고, 어쩌면 승화까지 해야만 합니다. 이것은 흔히 수많은 신화와 종교들 안에서 분명히 드러납니다. 마리아 승천 교리는 사실 물질을 수용한다는 의미이며, 물질의 신성화를 의미합니다. 꿈을 분석해보면 이를 훨씬 더 잘 이해할 수 있을 겁니다. 그리고 연금술에서도 이것을 볼 수 있습니다. 여성이 쓴 연금술 저서가 없는 것이 참 유감입니다. 만일 있다면 여성의 환상에 관한 근본적인 것을 알게 될 텐데 말입니다. 확실히 남성의 것과는 다를 겁니다."

융 박사에게 어떤 사람의 꿈을 분석하고 그 꿈에 주의를 기울이는 것이 현명한 일인지 물어보았다. 나는 나 자신의 꿈을 분석하기 시작했고, 그 결과 활력이 증가하는 것을 느꼈다고 말했다. 분석하지 않았더라면 잃어버렸을, 숨겨진 에너지의 원천을 사용하게 되는 것 같다고 했다. "그런데……." 내가 말했다. "저는 인도에서 지두 크리슈나무르티*와 이야기를 나눈 적이 있습니다. 그는 꿈이란 실제로는 중요하지 않고, 중요한 것은 오직 **관찰하는 것**, 순간을 의식하고 완전히 아는 것이라고 했습니다. 크리슈나무르티는 전혀 꿈을 꾸지 않는다고 했습니다. 자신의 의식적, 무의식적 마음 두 가지를 보기 때문에 그렇다는 겁니다. 그는 꿈을 꿀 만한 것은 아무것

---

*   Jiddu Krishnamurti(1895~1986). 영적인 주제를 다룬 인도의 작가이자 연설가.

도 남겨두지 않기 때문에, 잠잘 때는 완벽한 휴식을 얻는다고 했습니다."

"잠깐 동안이면 그게 가능합니다." 융이 대답했다. "몇몇 과학자들이 제게 말하기를 어떤 특정한 문제에 온 신경을 집중할 때면 꿈을 꾸지 않는다고 했습니다. 하지만 그다음에는 설명할 수 없는 이유로 갑자기 다시 꿈을 꾸기 시작했답니다. 꿈 분석의 중요성에 대한 당신의 질문으로 다시 돌아가보자면, 단 한 가지 중요한 것은 본성을 따르는 것이라고 생각합니다. 호랑이는 좋은 호랑이여야 합니다. 또 나무는 좋은 나무여야 합니다. 그러니 사람도 좋은 사람이어야 합니다. 하지만 사람이 무엇인가를 알기 위해서는 본성을 따라야 합니다. 그리고 기대하지 않은 것의 중요성도 인정하면서 혼자 가야 합니다. 그렇지만 사랑 없이는, 심지어 연금술적 과정 없이는 그 어떤 것도 가능하지 않습니다. 왜냐하면 사랑은 모든 것을 감행하게 하고 중요한 것을 주저하지 않고 허락하게 만들기 때문입니다."

융이 일어나 책장에서 책 한 권을 꺼냈다. 『원형과 집단 무의식』*이었다. 그는 「개성화 과정 연구」†라는 챕터를 폈다. 이상한 채색 도판을 보여주었는데, 티베트 불화佛畵였다.

---

* 가장 많이 알려진 융의 저서로 1936~1954년 사이에 쓴 12편의 글이 수록되어 있다.
† Study of a Process of Individuation. 독일어 원본의 제목은 'Zur Empirie des Individuationsprozesses'로 *Gestaltung des Unbewußten*(Rascher, Zürich, 1950)에 수록되어 있다.

"이 그림들은 어떤 여성이 그린 것인데, 우리는 거의 10년간 그녀의 개성화 과정을 실현시키려 했습니다." 융이 말했다. "그녀는 미국인으로 어머니는 스칸디나비아인이었습니다." 그는 밝은색으로 칠해진 그림 하나를 가리켰다. 그림의 중심에는 네 잎 클로버처럼 생긴 꽃이 있었고, 그 위에는 손에 불꽃을 들고 주술적 결혼식에 참가한 왕과 왕비가 그려져 있었다. 배경에는 탑들이 보였다.

"주술적 결혼식의 과정은 여러 단계로 진행됩니다." 융이 설명했다. "그리고 연금술 작업Opus Alquimia처럼 수많은 위험에 개방되어 있습니다. 왜냐하면 이 결합은 실제로는 상호 개성화 과정으로, 이와 같은 경우 의사와 환자 모두에게서 일어나기 때문입니다."

융이 이 마법의 사랑과 연금술적 결혼식에 대해 말하는 동안, 나는 솔로몬과 시바 여왕, 그리스도와 그의 교회, 그리고 카일라스 산 정상에 있는 시바신과 그의 아내 파르바티에 대해, 인간과 그의 영혼의 모든 상징들과 자웅동체적인 피조물의 상징들에 대해 생각했다.

융은 자신에게 얘기하듯 말을 계속했다. "언제 어디엔가 하나의 꽃, 하나의 돌, 하나의 수정, 한 명의 여왕, 한 명의 왕, 하나의 궁전, 사랑하는 한 남자와 그의 애인이 있었습니다. 아주 오래전 바다 어딘가에 있는 섬에서였습니다. 5,000년 전입니다……. 사랑, 영혼의 신비한 꽃은 그런 것입니다. 그것이 중심이고 〈자기〉입니다……."

융은 무아지경에 빠진 듯 말했다.

"내가 말하는 것은 아무도 이해하지 못합니다." 그가 말했다. "시인만 이해할 수 있을 것입니다……."

"박사님은 시인이십니다." 나는 조금 전에 들은 이야기에 감동해서 이렇게 말했다. "그런데 그 여성은 아직 살아 계십니까?" 내가 물었다.

"8년 전에 세상을 떠났습니다……. 나는 너무 늙었어요……."

대화를 마쳐야겠다는 생각이 들었다. 나는 갖고 있던 헤세의 책 『픽토르의 변신』을 펼쳐 책에 수록된 그림을 보여주었고, 황야의 이리의 인사를 전해주었다.

"헤세와는 신화와 상징에 관심이 있는 공통의 친구를 통해 알게 되었습니다." 융이 말했다. "그 친구와는 한동안 함께 일했는데, 그는 내 작업을 끝까지 따라올 수 없었습니다. 이 길은 아주 힘듭니다……."

융의 집을 나섰을 때는 꽤 늦은 시간이었다. 나는 호수 쪽으로 걸어가면서 우리의 대화를 생각했고, 내 생각과 감정을 정리하려 애썼다.

마법의 결혼식

돌아오는 길에 나는 융이 발견한 개성화 과정에 두 번째 숨겨진 메시지가 들어 있지 않을까 생각해보았다. 그에게 물었다면 그는 부정했을 것이다. 그렇다 해도 나는 지금도 거기에 찾아야 할 어떤 메시지가 내포되어 있다고 확신한다. 사람이 의식적으로 행하는 것과 저절로 일어나는 일 사이에는 차이가 있다. 건축물과 예술 작품이 그 예이다. 그리고 위대한 사람들의 삶이 그것을 증명한다. 그럴 생각이 없었는데 그들은 유명해졌다. 예를 들어 한 남자가 결단력과 끈기로 과업에 집중하고 있는데, 갑자기 다른 세계에서 돌풍이 몰아쳐 모든 것이 달라진다. 마치 신들이 작용한 것처럼 보인다. 자신도 모르게 그는 신화의 일부가 된다. 융의 작품도 그런 힘과 긴장으로 가득하기 때문에 미래 지향적일 수밖에 없었다. 그노시스파와 연금술사의 작업을 소생시킨 융은 그들의 수수께끼들에 빠져드는 것을 주저하지 않았다. 원래는 그것들을 멀리하고 싶었겠지만 말이다. 왜냐하면 그노시스파나 연금술사는 마법을 위해 상징을 창조했지, 결코 심리학적 분석을 위해서 그런 것은 아니었기 때문이다. 저항이야 했겠지만, 그런데도 융이 그런 선택을 한 것은 그가 스스로에게 공인된 과학의 경계를 용감하게 넘어가는 마법사가 되라는 선고를 내린 것이다. 시인만이 자신을 이해해줄 것이라고 그가 나에게 말했을 때, 융은 그 사실을 알고 있었으리라 생각한다.

연금술사들의 철학에는 소로르 미스티카*, 즉 '신비한 누이'라는 용어가 있는데, 연금술사가 증류기에 물질을 섞을 때 함께 작업하는 사람이다. 그녀는 융합의 오랜 과정 내내 연금술사와 함께한다. 그리고 결국 자웅동체의 생성을 포함하는 신비적 결혼식이 행해진다. 이 결혼식은 소로르 미스티카라는 여성의 존재 없이는, 요컨대 신비한 누이와 연금술사의 영적 접촉 없이는 이루어질 수 없다.

융의 실험실에서 행해지는 환자와 분석가 사이의 개성화 과정에서도 동일한 융합이 일어난다. 환자와 분석가 사이에서는 이미지와 꿈이 생산되는데, 그런 것들은 두 사람 공동의 것이다. 누가 먼저 그것을 만들어냈는지 둘 다 기억하지 못하기 때문이다. 이런 영적 결합은 보통의 사랑에서는 절대 일어나지 않는다. 사랑하는 두 사람이 완전히 서로 융합되길 원한다고 해도, 똑같은 꿈은 절대로 꿀 수 없기 때문이다. 그들을 분리시키는 무엇인가가 늘 존재하

---

* Soror Mystica(mystical sister). '신비한 누이'는 중세 연금술 실험실에서 보조하는 여성에게 붙이던 이름이다.

기 마련이다. 마법의 결혼식*만이 그 틈새를 좁힐 수 있다. 융의 말에 따르면, 이런 영적 결합은 사랑의 정신 안에서만 가능하다. 그런 상황에서만 모든 것을 거는 각오를 하기 때문이다. 하지만 영적 결합의 사랑은 힘들고 위험하다. 그것은 사랑 없는 사랑이며, 물리적 생식이나 역사의 법칙과 상반되는 사랑이다. 그것은 결혼이라는 제도 밖에서만 성취될 수 있는 금지된 사랑이다. 따라서 시바 여왕에 대한 이런 사랑은 실제의 아이가 아니라 정신의 아이 혹은 상상의 아이를 낳는다. 이것은 서로 사랑하는 사람들의 영혼 안에 내재하는 상반된 인자의 융합으로, 신비적 개성화의 과정이다. 이 사랑은 육체적 사랑을 배제하지 않는 것이지만, 육체적 사랑은 의식儀式으로 전환된다. 반면 상호 간의 성적 쾌락은 배제된다.

  이 복잡한 개념은 인도의 탄트라 수행을 통해 가장 잘 설명된다. 시드하 마법사들은 수행을 통해서 영적 결합에 도달하고자 했다. 탄트라의 의례는 복잡하고 신비스럽다. 입문자는 순결해야 했다. 여성은 대개 신성한 사원 매춘부로, 실제로는 순결한 것이나 마찬가지였다. 의례의 정점에 도달하기 전에 오랜 준비가 요구된다. 남자와 여자는 함께 숲으로 가서, 생각과 이미지들과 말을 서로 나누며 형제자매처럼, 연금술사와 그의 누이처럼 산다. 같은 침대에서 잠을 자지만 서로를 건드리지 않는다. 몇 개월의 준비가 끝난 뒤에야 마지막 탄트라 의식이 거행된다. 이 의식이 진행되는 동안 포

---

* magic weddings. '영적 결합'을 의미한다.

도주를 마시고 고기와 곡물을 먹고, 마지막으로 '마이투나'* 혹은 신비로운 성교를 행한다. 이 행위는 긴 승화 과정의 절정으로, 연금술에서 납이 금이 되듯 육체가 변형되고 변모된다. 성행위는 척추의 기저부에서 신비한 불을 발화하기 위한 것이다.

끌 수 없는 이 불은 최고의 사랑이다. 하지만 평범한 성행위와는 아무런 관계가 없다. 이 행위에서는 새로운 육신의 삶을 만들기 위해 육체적인 것은 죽는다. 이 사랑 속에서 죽음의 정신이 작동하여 정신의 삶을 만들어낸다. 여성은 신비한 사랑의 사제로, 그녀의 역할은 탄트라 주인공의 다양한 차크라들을 건드려 일깨우는 것이다. 그녀는 전체성에 이를 때까지 그를 새로운 수준의 의식으로 이끈다. 그는 사정과 같은 쾌락을 얻는 것이 아니다. 그것은 엄격하게 금지되어 있다. 그가 체험하는 것은 환영의 쾌락, 상반되는 것의 융합을 나타내는 제3의 눈이 열리는 쾌락이다. 남성은 정액을 몸 밖으로 내보내지 않으며, 자신을 수태시킨다. 창조의 과정은 유보되고 시간은 멈춘다. 이 금지된 사랑의 산물은 자웅동체, 완벽한 인간이다. 그의 모든 차크라 혹은 의식의 중심이 이제 깨어난다. 그것은 〈자기〉와의 만남, 수천 년 전 어떤 섬에서 자라난 영혼의 '마지막 꽃'과의 만남이다…….

이 사랑 없는 사랑의 의식이 끝나면 남자와 여자는 분리된다.

---

*　　Maithuna. Mithuna로도 쓴다. 산스크리트어로 합일, 쌍, 결혼, 성교를 뜻한다. 인도 예술에서는 일명 '천상의 연인들'로 불리며, 마이투나 조각은 인도 전역에서 볼 수 있는데, 북부 인도에서 더 자주 발견된다.

그들은 이제 완전하며 개성화되었다. 이 탄트라 의식에서 남자는 자신의 정신과 결혼한 것이다. 그는 아니마*와 결혼한 것이고, 여성은 아니무스†와 결혼한 것이다.

인도 카주라호‡에 있는 사원의 벽에는 이 은밀한 사랑이 수천 개의 조각상으로 표현되어 있다. 하지만 어린아이의 조각상은 없다. 이 사랑이 자연스러운 사랑이 아님을 보여주는 것이다. 사원 안 가장 비밀스러운 장소에는 자웅동체인 시바가 앉아, 눈을 감고 명상에 잠겨 자신의 창조 행위를 보고 기뻐한다.

인도에서는 이 금지된 사랑의 의미가 크리슈나의 신화 속에서 반복된다. 헤르만 헤세가 좋아한 그 푸른 신은 브린다반§의 정원에서 그의 사랑과 춤을 추었다. 그가 제일 사랑한 여인은 기혼녀인 라다였다. 그들이 만다라 안에서 춤을 추며 〈자기〉에 도달하는 동안, 그녀와 함께 숫자 3이 구현되었다.

이 이상한 의례에서 마이투나가 육체적으로 실행되는 것은 중요하지 않다. 중요한 것은 신비한 누이가 연금술사가 물질을 섞

---

* anima. 남성의 무의식 인격의 여성적 측면으로, 남성이 가지는 미발달의 에로스(관계의 원리)이기도 해서 이성의 여성에게 투영되기도 한다.

† animus. 여성의 무의식 인격의 남성적인 측면으로, 여성이 가지는 미발달의 로고스(재단의 원리)이기도 해서 이성의 남성에게 투영된다.

‡ Khajuraho. 뉴델리에서 남동쪽으로 620킬로미터 정도 떨어진 마을로, 중세 힌두교와 자이나교 사원들이 들어서 있으며, 이 사원들은 성적인 내용을 묘사한 조각들로 유명하다. 유네스코 세계문화유산으로 지정되었다.

§ Vrindavan. 인도 우타르프라데시주의 도시로 힌두교 신화에 나오는 영웅신 크리슈나가 이곳에서 어린 시절을 보냈기 때문에 힌두교 성지 가운데 하나로 여겨진다.

는 일을 도와주고, 마리아 막달레나*처럼 극히 절실한 순간에 그를 도우며 함께 있는 것이다. 그다음으로 중요한 것은 두 사람, 즉 환자와 분석가의 영적 상호작용으로, 이런 개성화 과정 안에서 서로를 창조하고 자신을 찾는 것이다.

마지막 결혼식 혹은 결합은 고립된 개인 안에서 일어난다. 개인은 완벽하게 혼자여서 자신의 육체에 대해 아무런 감각이 없다. 이 결합은 융이 '감정의 흐름 emotional current'이라고 정의한 쿤달리니에 의해 이루어진다. 연금술사의 수은이나 주술가의 '심령의 불꽃 astral fire'처럼 쿤달리니는 제3의 눈 혹은 아즈나 차크라가 열려서 브라흐마 차크라나 마지막 공空에 이를 때까지 차크라들을 하나씩 일깨운다. 이것은 아니마와 아니무스의 결합을 통해 이루어진 〈자아〉와 〈자기〉의 결혼이다. 베아트리체에 의해 단테는 지옥으로 떨어졌다가 천상으로 올라갔다······.†

"시인만이 저를 이해할 수 있습니다······." 나는 이제야 융이 한 말의 깊은 의미를 깨달았다. 또한 융, 그 마법사가 거의 혼자서 인간-신 Man-God의 전설의 땅으로 되돌아가는 신비로 향한 길을 오늘의 우리에게 제시했다는 것도 알게 되었다.

---

*   Maria Magdalena. 혹은 막달라의 마리아. 예수를 따르던 여성으로 그의 부활의 증인이 된다.

†   단테의 『신곡』에서 단테로 보이는 주인공은 숲속을 거닐다 다른 세계로 들어가게 된다. 그곳에서 베아트리체가 보낸 베르길리우스의 안내를 받아 지옥과 연옥을 보게 되고 천상을 경험하게 된다.

우리는 이제 융의 메시지를 전달할 수 있고 원래의 글 일부 또는 전체를, 지우고 다시 쓴 고대 문서와 같은 그의 작업의 기본 언어를 해석할 수 있는 제자가 나타나기를 기다려야 한다. 그 제자는 사제, 마법사 혹은 시인이어야 한다.

야코비 박사와 함께

나는 취리히를 떠나기 전에 도움을 준 욜란데 야코비 박사에게 감사 인사를 하고 싶었다. 그래서 그녀의 집을 방문했다. 야코비 박사는 내가 융 박사와 나눈 대화에 큰 관심을 보였고 자세히 물어보았다. 특히 융이 세계 상황에 대해 이야기했는지를 궁금해했다.

그녀가 말했다. "융 박사는 1964년에 전쟁이나 재앙이 일어나지 않을까 굉장히 걱정하고 있어요. 세상이 한 시기에서 다른 시기로 넘어가는 때라서 그렇다고 합니다. 그리스도는 현재의 시대가 시작될 때 오셨습니다. 이 시대는 물고기자리로, 이제 종말에 가까워지고 있습니다."

나는 융이 그것에 대해서는 아무 말도 하지 않았다고 말했다.

"융은 우주의 다른 세계에서 올 존재에도 매혹되어 있습니다. 세계 여러 곳에서 나타나는 비행접시가 그들이라고 생각하시죠. 그는 인류가 곧 엄청난 변화를 겪을 것이라고 합니다."

내가 말했다. "제게는 그런 말씀 안 하셨습니다. 우리는 차크라에 관해 이야기를 나눴습니다. 선생님께서는 차크라들이 의식의 중심들이고, 쿤달리니가 그것들을 결합시키는 감정의 흐름이라고 하셨습니다."

그녀가 말했다. "아닙니다. 차크라는 에너지의 중심들이고, 요가의 쿤달리니는 영적 에너지의 발달을 의미합니다……."

내가 대답했다. "우리는 꿈 해석에 대해서도 얘기를 나눴습니다. 그리고 내가 나 자신의 꿈을 분석할 때, 활력이 증가되는 것 같다고 말씀드렸습니다."

그녀가 말했다. "당연합니다. 당신은 에너지를 보존하고 있으니까요. 그렇지 않다면 에너지를 잃어버렸을 겁니다. 하지만 자신의 꿈을 정확히 분석하는 것은 아주 힘듭니다."

나는 야코비 박사에게 원형들에 대해 어떻게 생각하는지 물었다.

"원형은 정신의 구조 혹은 어떤 보편적 형태를 갖는 충동과 같은 것으로, 어디서 그 생각이 유래했는지는 아무도 모릅니다."

내가 물었다. "집단 무의식에 대응하는 것이 있다고 생각하십니까?"

"사회적 차원에서 볼 때, 유럽과 아메리카는 입법부와 법률을 가진 집단의식입니다. 국제법은 균형 잡힌 집단의식의 한 형태로, 아시아인과 아프리카인들의 원시성과 양극을 이룹니다. 한쪽은 이성적이고 다른 쪽은 야만적입니다. 이성적인 쪽은 세계를 통제하고 그것에서 탈출하고자 합니다. 즉, 이성적인 쪽은 세계를 통제하려는 시도에서 좌절감을 느끼면, 세계에서 벗어나기를 원합니다. 그래서 비행기는 서구의 상징입니다. 비행사가 많아질수록 남성은 적어집니다. 자동화 덕택으로 비행사는 이미 일종의 여성 같은 남성이 되었습니다만······." 베르무트*주를 마시며 우리는 인도에 대해 이야기했다. 야코비 교수는 인도를 아트만과 합일하기 위해 페르소나가 소멸된 곳으로 여겼고, 베단타 사상에 반대했다. 대신 그녀는 인간과 개인적 신 사이의 대화 혹은 자아와 자기 사이의 대화를 확립하려는 열망을 가진 융의 심리학을 지지했다. "그것이 신이 있다는 의미는 아닙니다." 그녀가 말했다. "융은 여전히 의식의 반경을 어두운 영역으로 넓히고자 합니다. 그럼으로써 창조의 작업을 완료하고, 자연이 불완전하게 남겨놓은 것을 마무리 짓도록 합니다······. 서양에서는 아무도 인도의 신과 같이 되려 하지 않습니다. 신비주의 기독교인은 자신을 신과 한 번 연결하고, 그다음 날에는 아침 식사를 합니다. 그의 삶은 단순해서, 믿음의 산물일 뿐입니다."

야코비 박사의 말에서 그녀가 인도를 좋아하지 않는다는 것이 분명해졌다. 그녀는 69세였다. 우리는 리하르트 빌헬름과 카이절링 백작에 대해서도 이야기를 나눴다. 그녀는 카이절링을 잘 알고 있었고, 그가 뛰어난 사람이라고 했다. 그녀가 말했다. "그분이 여기에 왔을 때, 대화를 나누는 게 불가능했습니다. 그는 언어의 화산이기 때문이었죠. 여러 번 여기 오셨는데, 지금 당신이 앉아 있는

---

* 포도주에 쑥 향을 섞은 술.

바로 그 자리에 앉곤 했습니다."

취리히로 떠날 시간이 되었다. 나는 융에게 감사의 편지를 썼다. 편지는 다음과 같다.

박사님과 나눈 대화는 정말 뜻깊은 것이었습니다. 대화를 나눴던 그날들은 의미가 넘쳤고, 거의 마법적인 광채에 둘러싸인 것 같았습니다. 퀴스나흐트의 박사님 댁에서 사랑에 대해 나눴던 이야기를 절대 잊을 수 없을 겁니다.

대화를 나누던 시간 내내 마치 시바 여왕이 우리 주변을 맴돌고 있는 듯했습니다. 저는 시바 여왕을 최근에 만났습니다만, 박사님께서는 오래전부터 알고 계신 것 같았습니다. 그리고 우리 둘 모두 삶 속에서 이 여왕을 만났기 때문에, 영겁이 삶과 죽음의 저편에서 우리에게 건배를 들 것이라고 거리낌 없이 말할 수 있습니다.

하나이자 동일한 존재인 우리의 시바 여왕들을 기리며 박사님께 무한한 감사를 보냅니다.

융 박사, 책의 서문을 써주다

융 박사와의 만남에서 나는 많은 영감을 얻었다. 그래서 인도로 돌아오자 시바 여왕 이야기를 쓰는 데 전념했다. 이야기는 스스로 형태를 갖추어갔고, 나는 이야기가 형태를 갖추도록 돕는 도구일 뿐이라는 생각이 들었다.

그러는 동안 나는 그물에 갇혔거나, 다른 이미지를 사용하기 위해 집단 무의식의 바다에 떠 있는 기분이었다. 계절풍보다 더 강력한 바람을 맞고 있는 듯했고, 재스민 향기가 묵직하게 내려앉은 더운 여름밤 속에 있는 것 같았다. 먼 시간으로 되돌아가, 창문 밖에서 들려오는 오래된 피리 소리가 칼데아의 우르* 혹은 중앙아시아 사막에 있는 전설적인 이스칸다리야†에서 울려오는 것 같았다.

---

* Chaldea. 우르 근처 바빌로니아 지방의 그리스식 표기. '갈대아'라고도 표기한다. 갈대아의 우르의 현재 지명은 '텔 무가이어'로, 이곳은 기원전 2166년경에 아브라함이 태어난 곳이다.
† 이라크 바빌주에 있는 도시.

이 신화들을 살과 피로 부활시키려 했지만 결국 피 묻은 발, 옆구리의 상처, 십자가, 십자가 위의 꽃 한 송이를 그려냈을 뿐이다.

책이 완성되어 영어로 번역되자, 다음과 같은 편지와 함께 퀴스나흐트의 융 교수 댁으로 책을 보냈다.

1959년 11월 26일, 델리

융 박사님께

보내드리는 이 책을 이해할 수 있는 사람은 박사님 단 한 분이라고 확신합니다. 원래는 스페인어로 썼지만, 이제 영어로 번역되었습니다. 지난 2월, 로카르노에서 박사님께 드렸던 『시바 여왕의 방문』으로 시작된 이 이야기들은 어떤 의미에서는 박사님께 많은 영감을 받았다고 할 수 있습니다. 박사님이 이해해주신 덕분에 이 새로운 이야기들로 작품을 완성할 수 있는 용기를 얻었습니다. 박사님께서 읽으실 수 있도록 이것들을 영어로 번역했습니다. 이곳 인도에서 출판되기 전에 원고 형태로 먼저 보내드립니다. 혹시 어떤 제안이라도 해주신다면 정말 감사하겠습니다. 이 책을 읽으실 시간이 있으시길 바랄 뿐입니다.

거의 두 달이 지난 뒤에 나는 다음과 같은 편지를 받았다.

1960년 1월 14일, 취리히 퀴스나흐트 제슈트라세 228번지

세라노 씨께

나의 오랜 침묵을 용서해주기 바랍니다! 노년은 모든 속도를 느리게 만듭니다. 그리고 때가 되기를 기다려야 했습니다. 시 외곽에서 시골의 고요와 정적에 묻혀 방해받지 않고 편지를 쓸 수 있도록 말입니다.

당신의 원고는 놀랍습니다. 그것은 꿈속의 꿈으로, 아주 시적입니다. 무의식의 내가 사용하는 자발적인 산물과는 아주 다르지만 잘 알려진 원형의 형태는 분명히 알아볼 수 있었습니다. 시적인 특별한 능력이 태고의 물질을 거의 음악적인 형태로 변형시켰습니다. 정반대로 쇼펜하우어는 음악을 원형적 관념의 운동으로 이해했지요. 형태 구성의 요인이 매우 심미적인 경향을 띠고 있어요. 점점 깊어지는 꿈, 무한히 확대되는 공간과 헤아릴 수 없는 시간의 깊이가 독자에게 영향을 주고 있습니다. 반면 인식의 요소는 중요한 역할을 하지 않습니다. 다채로운 이미지가 풍부하게 살아 있지만, 안개 자욱한 배경 속으로 사라지고 있습니다. 무의식 혹은 우리가 그렇게 부르는 것이 당신한테는 그것의 시적 측면으로 모습을 드러냅니다. 저는 그것을 주로 과학적이고 철학적인 측면에서, 아마도 더 정확히는 종교적인 측면에서 바라보고 있지요. 무의식은 확실히 **팜메터Pammeter**, 모든 것 (즉, 모든 정신적 생명)의 어머니이고 모체

matrix이며 우리가 정신적이라고 부르는 모든 차별화된 현상, 즉 종교, 과학, 철학, 예술의 배경이자 근본입니다. 그것의 체험은 어떤 형식이든 전일성으로의 접근이며, 우리 현대 문명에는 없는 체험입니다. 그 체험은 우누스 문두스*로 향하는 길, 비아 레기아†입니다.

새해 복 많이 받으시길.
당신의 진실한 벗,
C. G. 융

이 편지에서 특히 인상 깊었던 것은, 그에게는 무의식이 종교적 측면에서 가장 명확하게 모습을 드러낸다는 말이었다.

나는 여러 친구에게 이 편지를 보여주었다. 융 박사에게 부탁해 이 편지를 책 서문으로 사용하고 싶다는 내 생각에 대부분 찬성해주었다. 하지만 나는 이 충동을 억눌렀다. 일단 그를 귀찮게 하고 싶지 않았기 때문이고, 작은 나무는 큰 나무의 그늘에서는 절대 자라지 않는다는 생각도 들었기 때문이다. 이 편지를 버팀목으로 사용하는 것은 잘못이라고 생각했다. 융 박사가 그랬듯이 나도 내 길을 가야만 했다.

그 당시 영국의 역사학자 아널드 토인비‡가 뉴델리에 머물고

---

*　Unus Mundus. '하나의 세계(one world)'라는 뜻의 라틴어.
†　via regia. 동서 유럽을 연결하는 가장 오래되고 가장 긴 길의 이름.
‡　Arnold Joseph Toynbee(1889~1975). 영국의 역사가이자 문명 비평가.

있었다. 나는 그를 점심 식사에 초대했다. 우리는 융에 관해 이야기를 나눴다. 토인비는 융의 저서를 읽으면서 세계 문명에 대한 신화적 해석을 시도할 생각을 하게 됐다고 말했다. 나는 토인비에게 융의 편지를 보여주고, 내 책의 서문으로 쓰고 싶다는 부탁을 해도 될지 자문을 구했다. 토인비는 회의적이었지만 대화 중에 자신은 융의 책을 읽으면서 연구의 영감을 얻었다고 털어놓았다. 이 대화로 힘을 얻은 나는 융에게 그의 편지를 내 책의 서문으로 써도 될지 물어봐야겠다는 결심을 했다.

융 박사에게서 금방 답장이 왔다. 거의 나의 요청을 기다린 듯했다. 마치 그 편지가 내 책의 서문으로 사용되기를 바라면서 쓴 것 같다는 느낌마저 들었다.

> 1960년 6월 16일, 취리히 퀴스나흐트 제슈트라세 228번지
>
> 세라노 씨께
>
> 친절한 편지에 감사드립니다. 얼마 전에 받은 당신의 편지에 답장할 시간과 여유를 갖지 못해서 정말 죄송합니다. 이런 경우 저는 항상 카이로스,* 즉 최적의 순간을 기다립니다. 심오한 답장을 할 수 있는 순간을 말입니다. 그런데 최근에 많은 일로 방해를 받았습니다. 특히 성가신 방문객들이 많아, 답장을 쓸

---

* kairos. 그리스어로 '기회'를 의미하는 καιρός를 신격화한 남성 신이다.

적절한 기회가 없었습니다. 하지만 저는 가능하면 빨리 답장을 보내 당신이 제때 답변을 받을 수 있도록 해야겠다는 확고한 의지를 가지고 당신의 편지를 보관하고 있었습니다.*

이제 당신의 요청에 대해 말씀드리겠습니다. 내 편지가 당신의 책에 수록된 것을 보면 기쁠 겁니다. 인쇄할 때 오자를 주의해 주시겠습니까? 그리스어로 '모든 것의 어머니'라고 하는 단어는 *Panmeter*가 아니라 *Pammeter*입니다.

그리고 어떤 사고로 인해 당신이 고통받고 있다고 들었습니다. 당신 고국에 닥친 끔찍한 재앙†과 동일시할 수도 있겠습니다. 우리는 엄청난 파괴와 거대한 인명 손실에 대한 기사를 전율하며 읽고 있습니다. 어머니 대지가 인류와 비슷한 곤경에 처해 있는 것 같습니다. 과학의 정신은 그런 우연의 일치에 반대하겠지만 말입니다.‡

---

* 언급된 편지와 회신은 이 책 다른 곳에서도 언급된다.

† 1960년 5월 22일, 칠레 발디비아에서 규모 9.5의 대지진이 발생했다. 세계 최대의 지진이다.

‡ (원주) 당시 나는 융에게 다음과 같이 답했다. "어머니 대지와 인간의 정신 사이에는 밀접한 관계가 있다고 저는 확신합니다. 저는 가끔 지구는 거대한 몸이고 사람은 그 몸의 세포 같은 것이라고 생각합니다. 제 사고에 대해 말씀하시자, 그 사고가 여전히 제 조국에서 일어나고 있는 그 끔찍한 재앙에 상응하는 것이라는 생각이 퍼뜩 들었습니다.
칠레 시골의 환상적인 아름다움, 그곳의 산과 호수, 눈 덮인 화산 주변의 투명한 공기는 항상 심연의 가장자리에 사는 영혼의 아름다움, 또는 죽을 수밖에 없는 결핵에 걸린 소녀에게서 나오는 이상한 빛을 연상시킵니다.
그렇습니다. 칠레는 어머니 대지의 몸 중에 가장 이상한 지점입니다. 저의 온 존재는 이 나라에 속합니다. 저는 세계의 남쪽 출신 사람입니다."(1960년 6월 27일 융에게 쓴 편지

여름 휴가를 아직도 시작하지 못했습니다. 일의 홍수에서 벗어나려고 나름대로 싸우고 있습니다.

곧 회복되기를 바랍니다.

당신의 진실한 벗,
C. G. 융

이것이 상징적이고 시적인 내 작품에 융 박사가 참여하게 된 이야기이다. 그의 긴 인생 중에 순수한 문학 작품을 위해 쓴 서문은 내 책의 서문 외엔 없었다. 그는 과학 저서들이나 리하르트 빌헬름이 번역한 『주역』이나 『태을금화종지』 혹은 『티베트 사자의 서』와 『티베트 대해탈의 서』와 같은 번역서에만 서문을 썼다. 그런 융이 나를 위해 이 서문을 써준 이유는 무엇일까? 동시성*의 한 예였을까? 아니면 비밀 클럽, 시대를 초월한 아우레아 카테나†에서 나온 충동에 대한 반응이었을까?

내 책의 초판이 출간된 후 나는 다음과 같은 헌사를 써서 융에

중 발췌)

* 융은 동시성과 동시를 구분한다. "나는 그 사이에 아무런 인과관계도 없으나 그 사이에 같거나 비슷한 의미가 있으며, 또 시간적으로 일치된 상태에서 일어나는 둘이나 그 이상 사이의 사건들을 지칭하기 위해서 동시성(synchronicity)이라는 일반적인 개념을 사용한다. 이 개념은 두 가지 사건이 단순하게 동시에 일어나고 있는 것을 가리키는 동시(synchronism)라는 개념과는 다르다. 그러므로 동시성이란 무엇보다도 한 개인의 정신적인 상태와 외부적인 사건 사이에 일치가 발생하는 것을 의미한다." (http://www.theology.co.kr/article/syn.html에서 인용.)

† aurea catena. 황금 사슬(The Golden Chain)이라는 뜻.

게 책을 보냈다.

신비로운 힘이 실제로 세계에 개입하는지 가끔 궁금하기도 합니다. 박사님께서 제 책에 서문을 써주셨다는 사실이 그런 힘들이 존재한다는 것을 증명하고 있습니다. 이것은 또한 우리가 서로 엮여 있는 저 신비로운 미지로부터의 방문이기도 합니다. 어쩌면 우리는, 우리는 그를 알지 못하지만 우리를 알고 있는 어떤 존재의 의지를 통해 늘 함께였는지 모릅니다.

1960년 8월 21일 일요일,

뉴델리

아널드 토인비와 함께

이미 말했듯이 당시에 아널드 토인비가 인도를 방문했다. 그는 인도 문화관계위원회*의 초대를 받아, 마울라나 아자드†를 기리는 세미나에서 강연을 했다. 이 강의에서 토인비는 세계종교universal religion의 필요성에 대해 말했고, 온 세계의 종교 단체가 서로 평화롭게 공존하는 모두스 비벤디‡의 체결을 역설했다.

토인비가 늘 관심을 갖는 것은 인류가 백만 년 이상 지구에 존재했지만 문명은 고작 5,000년 전부터 시작되었다는 점이다. 그는 이것이 왜 더 일찍 시작되지 않았으며 그 이전에는 어떤 일이 있었는지 알아내고자 했다. 원형이나 세계 신화에 대한 융 학파의 가설

---

* Indian Council for Cultural Relation(ICCR). 1950년, 인도 정부에 의해 뉴델리에 창립됐다.
† Maulana Abul Kalam Azad(1888~1958). 인도의 독립운동가로 인도의 독립 이후 교육 장관을 역임했다.
‡ modus vivendi. 생활 방식 또는 생활 태도라는 의미로, 국제관계에서는 '잠정 협약'이라는 의미로 사용된다.

은 토인비에게 그런 연구의 시작점을 제공했다. 토인비는 내게 이렇게 말한 적이 있었다. "어쩌면 어떤 족장이 자신을 압도하는 꿈을 꾸었을지도 모릅니다. 그는 신화, 어떤 원형에 사로잡히게 되었고, 두렵거나 아니면 놀라서 그것을 자기 부족 전체에게 전달했을 겁니다."

이와 같이 토인비에게 종교는 역사의 주요 동기이다. 그리고 사실 종교는 여러 이미지로 드러나는데, 이 이미지들은 보편적인 의미를 갖고 있으며 역사의 과정에서 늘 다시 나타난다. 토인비는 보편적 종교의 출현을 가능하게 한 것은 과학과 기술의 발전이라고 생각했다. 그래서 그는 과학의 발달을 인정했다. 하지만 나는 이와 달리 과학이 합리적인 것에 비중을 너무 많이 둔 탓에 역효과를 냈다고 생각한다.

나는 토인비에게 원형을 어떻게 이해하느냐고 물었다. 그는 원형이란 플라톤의 이데아와는 전혀 다른 것으로 일종의 자연적 현상이라고 대답했다. 그러면서 융의 동시sychronism 가설을 이해할 수 없다고 털어놓았다. 우리는 유럽과 아시아에서의 역사의 시작에 대해 이야기를 나누었다. 토인비는 크리스토퍼 콜럼버스의 대륙 발견 이전의 남미 문명에 관심이 있어서 그곳의 여러 나라를 방문했었다고 했다.

나는 그에게 서양은 이제 영혼의 가치를 재발견하는 데 관심을 두고 있고, 반면 동양은 기술과 순수하게 외적인 문명의 결과들을 경험하기 시작한다고 말했다. 그리고 이러한 발전은 백인에게는 아주 위협적인데, 왜냐하면 전 세계에 걸쳐 많은 유색인종의 확장에 직면해야 할 것이기 때문이라 했다. 백인이 시도할 수 있는 유일한 해결 방법은 수영하는 사람이 거대한 파도와 맞닥뜨릴 때 그러듯이, 다른 쪽으로 나오기 위해 우선 잠수를 하는 것이라고 설명했다. 그리고 계속해서 이렇게 말했다. 백인은 침묵을 지키고, 유색인종이 말하게 두어야 한다. 또 미래의 유산을 지키기 위해서도 백인은 조금 뒤로 물러나야만 할 것이다. 이것이 복수욕에 불타는, 지금까지 억압받은 수백만 명의 사람들과 타협할 수 있는 유일한 방법이다. 이런 잠수 행위는 그저 정치적이거나 사회적인 것이 아니라 정신적인 것으로, 백인은 그 안에서 자신의 신화와 전설을 재발견할 수 있을 것이다. 오직 이런 식으로만 백인은 자기 문명의 정수를 유지할 수 있을 것이다. 따라서 가장 필요한 것은 개인의 완성 individual perfection 작업이다. 그리고 이런 점에서 마법의 실현 realization of magic이 성공의 열쇠라 할 수 있다. 사회적 측면에서 본다면, 이는 대중의 일관성 없는 운동을 균일화할 강력한 개인주의자들이 서양에 나타나게 만들 것이다.

이어서 나는 다음과 같이 말했다. 동양은 내향적인 방법을 완전히 다 써버려 서양과는 전혀 다른 문제를 안고 있다. 요가, 명상, 집중은 이제 결과를 산출할 수 없다. 동양의 집단 무의식이 그런 것과 더 이상 일치하지 않기 때문이다. 그 대신 동양인의 세계는 외향성으로 향하고 있다. 스와미와 요기들은 훈련을 계속하고 있지만, 습관 때문에 그럴 뿐이고 결과는 낳지 못하고 있다. 대조적으로 오늘날에는 사진의 기술적 경이와 같은 것이 인도인들을 더 흥분시키고, 살과 피를 가진 비슈누 신의 출현보다 더 강력하게 그들에게서 영적 힘을 깨울 수 있다. 한편 서양에서는 고대 마법의 기법들이 과학기술에 메말라버린 백인들을 매혹하고 있다. 내면에 있는 해방된 영적 힘들은 이제 그들을 움직이게 하고 그들의 모든 생을 바꿔 놓을 수 있다. 이렇게 해서 진자의 위치는 바뀌었다.

    토인비 교수는 그 특유의 친절한 태도로 내 말에 귀를 기울이며 맞은편에 조용히 앉아 있었다. 인도의 한여름 푸른빛이 그의 흰머리 위에서 어른거렸다. 그가 내 생각에 공감하는지는 알 수 없었다. 그럼에도 불구하고 나는 생각이 떠오르는 대로 그대로 입 밖으로 튀어 나가게 내버려두었다. 그렇게 나는 융이 설명했던 힌두인의 사고방식을 따랐다.

    그런 뒤 우리는 융에 관해 이야기를 나눴다. 토인비는 취리히에서 융의 생일 파티에 참석했고, 라디오에서 융에 관해 대담을 한 적도 있지만 융을 만나보지는 못했다고 말했다.

    나중에 우리는 세계 문제에 관한 융의 저작 중 하나인 『미지의 자기』*를 훑어보았다. 그리고 망고 나무 아래 앉아서 책의 몇 페이지를 소리 내어 읽었다.

---

*　*The Undiscovered Self*. 1957년에 발표한 저서. 독일어 제목은 *Gegenwart und Zukunft*(현재와 미래).

1960년 2월 24일, 뉴델리

융 박사님께

어제 제 집에서 아널드 토인비 교수님과 점심을 함께했습니다. 그분이 최근 스위스에서 박사님의 생일 파티에 참석했다고 하더군요. 제때에 축하드리지 못해 죄송합니다. 늦었지만 저의 진심 어린 축하를 받아주시기 바랍니다.

저는 지금 박사님의 『미지의 자기』를 읽고 있습니다. 토인비 교수님과도 이 책에 대해 이야기를 나눴습니다. 그분은 여기 델리에서 '세계 문명'과 '세계 종교' 등에 대해 몇 차례 흥미로운 강연을 했습니다. 박사님의 견해에 따라, 저는 토인비 교수님께 오늘날 기독교 세계에게 가장 긴급한 과제는 개체성, 즉 장미처럼 섬세하고 소멸 위험에 처한 페르소나를 유지하는 것이기 때문에, 서양인들이 이제 뒤로 물러나서 세계의 일을 다른 사람들에게 맡기는 것이 더 좋을 것 같다고 말씀드렸습니다. 그리고 양量이나 수량은 진정한 질質에 의해 균형을 이루어야 하며 그것은 상징의 재활성화를 통해서만 가능하다고, 이것이야말로 고요한 과제일 것이라고 말씀드렸습니다.

오늘 저는 박사님이 이 과제에 빛을 던져줄 수 있는 유일한 분이라고 생각합니다. 어쩌면 그 과제가 미래에 더 잘 실현될 수도 있겠지만, 확신은 못 하겠습니다. 현재 상징들을 갖고 작업하고, 이 과제를 맡으려고 하는 몇몇 예술가들도 있습니다. 그런데 제 생각에 그들은 무의식적으로 이 일을 하는 듯 보입니다.

1960년 3월 31일, 취리히 퀴스나흐트 제슈트라세 228번지

세라노 씨께

흥미로운 편지를 보내주셔서 감사합니다. 통찰력과 선의를 충분히 갖고 있는 우리 세계의 사람들이 대중에게 설교하거나 그들을 위한 최선의 방법을 찾기보다는 자신의 '영혼'에 더 관심을 기울여야 한다는 당신의 의견에 전적으로 동의합니다. 그들이 그렇게 행동하는 이유는 자신을 모르기 때문입니다. 하지만 아아, 정말 슬픈 사실은, 자신에 대해 아무것도 모르는 사람들이 다른 사람을 가르치고 싶어 한다는 것입니다. 훌륭한 모범이 가장 좋은 교육 방식이라는 것을 알고 있으면서도 말입니다.

정말 현대 예술은 인류에게 어둠으로 가득한 세계를 알려주려 최선을 다하고 있습니다. 하지만 유감스럽게도 그 예술가들은 자신들이 하는 일을 알지 못하고 있습니다. 인류가 한 발 앞으로 나아가 인간의 의식을 확장하고 개선해야 한다는 생각은, 아무도 그것을 이해하지 못할 정도로 어렵거나 아무도 그것을 위한 용기를 내지 못할 정도로 혐오스러워 보입니다. 인간 정신의 발전 속에서 이루어진 모든 진보는 피의 대가를 치렀습니다.

세계 강대국들에 의해 축적된 자기 파멸의 수단들을 생각할 때마다 저는 슬픔과 두려움에 사로잡힙니다. 그러는 동안 모두가 모두에게 조언을 하지만, 개선의 길이 스스로에게서 시작되어야 한다는 필요성을 아무도 깨닫지 못하는 것 같습니다. 이것은 너무도 단순한 진실이라고 할 수 있습니다. 한 사람이 다른 사람을 따를 수 있고, 단체 안에서 안전하게 일할 수 있는 그런 조직과 기술을 모두가 탐색하고 있습니다.

저는 토인비 씨에게 묻고 싶습니다. 당신의 문명은 어디에 있으며 당신의 종교는 무엇입니까? 그가 대중에게 한 말은—유감스럽게도—아무 소득도 없을 겁니다. 그것이 그 자신 안에서 참되고 현실적이지 않다면 말입니다. 단순한 낱말들은 그 마력을 완전히 잃어버렸습니다. 그들은 너무 오랫동안 비틀리고 오용되었습니다. 당신의 새 책을 대단한 흥미를 갖고 고대하고 있습니다. 건강하시기 바랍니다.

당신의 진실한 벗,

C. G. 융

나는 융 박사의 이 중요한 편지에 상당히 긴 답장을 썼다. 그리고 내 답장에 대해 융 박사는 열 쪽이 넘는 편지를 보내주었다. 이 편지는 그가 사망하기 몇 달 전에 썼기 때문에, 그리고 편지에 담긴 진지함 때문에, 내게는 이념상의 유서와 같은 것이 되었다. 그래서 두 편지를 있는 그대로 이 책에 싣기로 했다.

융 박사로부터 마지막 편지를 받다

1960년 9월, 나는 칠레로 돌아가야만 했다. 그래서 융을 다시 만났으면 하는 희망을 품고 취리히로 갔다. 전화를 받은 아니엘라 야페 박사는 융이 많이 편찮아서 누워 있기 때문에 방문을 받을 수 없다고 했다. 그리고 전날 융이 내 편지에 답장을 쓰고 있었으나, 아직 끝내지 못했다는 말도 전해주었다. 그녀는 이대로의 답장을 가져가는 것이 좋겠다며 침대에 있는 그에게 사인을 받아주겠다고 했다. 그러면서 다음 날 오후에 자신의 집으로 전화를 주면, 편지를 전해주겠노라고 했다.

    나는 취리히의 고풍스러운 거리를 걸으며 하루 대부분을 보냈고, 성베드로 교회* 근처에 있는 레스토랑에서 점심을 먹었다. 교회 탑의 기념비적인 시계와 광장의 보리수 고목 한 그루가 눈에 들어왔다. 이 나무는 역사의 온 힘을 보여주는 것 같았다. 그리고 그

---

*   1706년 바로크 양식으로 세워진 취리히 최초의 개혁파 교회이다.

고색창연함으로 인해 태고의 힘과 지하세계의 신화를 구현하는 듯 보였다. 근처에는 나지막한 발코니가 있었는데, 봄에는 만발한 꽃으로 뒤덮이지만 당시에는 한겨울의 눈 속에 메마르게 방치되어 있었다.

한때 시인 괴테가 그 옆에 살았다. 1801년 사망한 행정관리 목사 요한 카스파르 라바터[*]는 괴테의 친구였다. 괴테는 1779년 처음 취리히를 방문했다. 융은 젊은 시절부터 늘 괴테와 인연이 있다고 느꼈고, 괴테의 친아들 중 한 명[†]을 통해 두 사람이 서로 연결되어 있다는, 가문에서 전해 내려오는 이야기도 있었다.

나는 시계탑, 낮은 발코니, 작은 광장을 생각하며 조용히 그곳에 서 있었다. 아무도 없었고 시간이 멈춘 듯했다. 그때 고양이 한 마리가 천천히 조심스럽게 발코니 쪽으로 갔다. 그러더니 멈춰 서서 그 아래에 누웠다. 몇 분 뒤에 발자국 소리가 들렸다. 한 남자가 좁은 길에서 나와 광장 쪽으로 갔다. 그의 등장은 정지된 장면을 더욱 정지된 것처럼 보이게 만드는 것 같았다. 그는 주변과는 분리된 듯 혼자서 눈에 띄었고, 주변으로부터 고립되어 보였다.

나는 그곳에 서서 네팔의 카트만두 근처에 있는 고대 도시 파탄Patan의 또 다른 광경을 기억했다. 그곳에도 광장이 있다. 곡선 지

---

[*] Johann Caspar Lavater 또는 Johann Kaspar Lavater(1741~1801). 개신교 목사로 관상학의 창시자이다.
[†] 괴테의 아들은 율리우스 아우구스트 발터 폰 괴테(Julius August Walther von Goethe, 1789~1830) 한 명뿐이다.

붕의 탑과 궁전들이 광장을 에워싼 채로 푸른 하늘과 저 멀리 히말라야의 눈을 배경으로 서 있다. 광장은 황금 상들로 장식되어 있고, 건물들에는 사랑의 장면을 새긴 조각이 있다. 내가 그곳에 있을 때는 집들의 안마당과 광장으로 이어지는 좁은 골목들에 햇볕에 말리려고 내놓은 누렇게 여문 곡식들이 높이 쌓여 있었다. 그때 갑자기 골목길에서 검은 숄을 두른 여인이 광장으로 나왔다. 그녀는 큰 소리로 울부짖었고, 그 울음소리가 청량한 아침 공기 속에서 메아리쳤다.

이 두 사람의 차이는, 파탄의 여인은 풍경의 일부였다는 점이다. 격하게 울었지만 그녀는 존재하지 않는 것 같았다. 그녀는 집단정신collective mind의 일부 같았다. 전통의 일원이었고, 신화의 뜨거운 혼 그리고 신들의 피와 연결되어 있었다. 반면 취리히 옛 광장의 장면은 완전한 황폐함 그 자체였다. 코트 주머니에 손을 찔러 넣고 있는 그 남자는 모든 것과 단절되었고, 풍경과 분리된 채 서 있었다. 그는 정말 혼자라는 인상을 주었고, 페르소나와 죽음에 대한 공포를 보여주고 있었다. 정오에는 이미 옛 소식이 되어버린 조간신문 기사의 한 조각 같았다.

그럼에도 불구하고 유럽의 이 장면에는 부인할 수 없는 아름다움이 있었다. 그것은 섬세하지만 심오한 상징, 즉 광장의 교회, 발코니, 고양이와 남자를 보여주었다. 그것은 개체성, 필멸의 극적인 아름다움이었으며 영원에 대한 동경이었다.

그날 밤 나는 융의 제자 몇 명을 만났고, 우리는 중국의 옛 점성술 책인 『주역』에 몰두했다. 『주역』은 『역경』으로도 알려져 있는데, 리하르트 빌헬름에 의해 처음 소개되었고, 융 학파의 방식을 통해 현대인의 생활 문화에 통합되었다. 융은 동시성의 법칙을 제안했다. 이 법칙을 통해 객관적 현실과 인간의 영혼은 서로 일치된다고 가정했다. 두 가지가 서로에게 영향을 주고 서로 변화시킨다는 전제 아래, 사랑 혹은 미움이 최고에 이른 극도의 긴장 순간 영혼은 외부 현실에 영향을 끼친다. 그리고 그것은 '별들의 궤도를 바꿀 수'도 있다. 예수는 "믿음이 산을 옮긴다"고 했고, 오스카 와일드는 "자연은 예술을 모방한다"고 했다. 동일한 동시성의 방식으로, 별들은 인간의 운명에 영향을 미치고 '변화'를 통제한다. 좀 더 심하게 말하면, 운명은 무의식 속에 존재한다. 왜냐하면 무의식이란 어쩌면 하늘과 모든 별자리까지도 포함하는, 모든 것의 어머니이기 때문이다. 고대의 로마인은 집을 나설 때 '무의식적'으로 비틀거리면 그날 하려던 일을 그만두고 다시 집 안으로 들어갔다. 이것은 '동시'라는 개념의 한 예로, 융은 볼프강 파울리*와 함께 펴낸 『자연의 해석과 정신』†이라는 책에서 이것에 대해 논의했다.

  우리는 우리의 감각을 통해 외부 세계를 감지한다. 우리가 볼 수 없는 것 즉 양자, 전기, 원자와 같은 것은 마음속으로 상상한다. 이러한 감각은 추측한 것이거나 혹은 ― 이렇게 말하지 못할 이유

---

* Wolfgang Ernst Pauli(1900~1958). 오스트리아 과학자이며 노벨물리학상 수상자.
† 1952년 융이 파울리와 함께 발표했다. 독일어 제목은 *Naturerklärung und Psyche*.

가 없는데―**발명한** 것이다. 이때 현실은 정신적 개념과 정확히 일치한다. 예컨대 원자폭탄과 같은 **생각할 수도 없는** 힘은 생각할 수 있을 뿐 아니라 정신의 과정을 통해 인지할 수도 있다. 원자 폭발 역시 본질적으로는 하나의 관념이라고 말할 수 있다.

우리가 가장 복잡한 기술 도구를 사용한다고 해도, 실재reality의 진실한 본성은 우리 이해를 넘어선다. 이 도구들을 만들고 사용한 사람도 사실 그것들을 자신의 궁극적인 도구, 즉 자신의 지상의 정신과 같은 모습으로 만들었기 때문이다. 그러므로 모든 이론, 모든 개념은 작업가설일 뿐이다. 궁극의 실재는 항상 우리가 도달할 수 없는 것으로 남아 있을 것이다. 하지만 과학에서나 다른 어떤 것에서도 중요한 것은 원형적 실재archetypal reality이다. 그것은 정신에 근거를 두며, 역사상 주어진 어느 순간에 접근할 수 없는 실재에게 형식을 부여한다. 원형적 실재는 종종 상반된 방향에서, 그리고 상당히 다른 가설을 사용하는 사람들로부터 온다. 따라서 원자폭탄은 일종의 원형적 실재로 간주될 수 있다. 또한 숫자 3은 과거의 성부, 성자, 성신에서, 그리고 브라흐마, 비쉬누, 시바에서와 마찬가지로 오늘날 마르크스, 엥겔스, 레닌의 공산주의자 삼위일체에서 나타난다.

바로 이런 까닭에 마법은 절대 그 힘을 잃지 않는 것이다. 그것은 '실재'를 다루는 수단이다. 그것은 동시성의 법칙law of Synchronism에서 지적했듯, '실재'와 정신 사이에서 발견되는 합치 때문에 존재한다. 그러므로 만일 정신이 극도의 긴장 상태, 예를 들어 사랑과 같은 상태에 있으면, 그것은 실제로 변화나 변형을 유도할 수 있는 경이로운 힘을 창조한다.

우리는 내 호텔 방에 앉아 옛날 책을 살펴보았다. 『주역』은 보통 다른 방법이 실패할 때만 사용되어야 한다. 그 책은 극단적인 경우에만 필요하다. 하지만 그때 내 상황이 바로 그랬기 때문에, 내가 인도를 떠나야 할 때인가 점을 쳐봤다. 『주역』의 답은 이랬다. "갈 길을 서슴없이 가려면 거대한 바다를 건너는 것을 두려워 말라." 『주역』은 다시 한번 지혜를 보여주었다. 내 영혼의 균형을 이루기 위해 나는 인도를 떠나야만 했고, 그리하여 훗날 필요 불가결한 관점에서 동양의 '실재'를 볼 수 있게 되었다.

아니엘라 야페는 감수성이 강한 얼굴과 손을 가진 날씬하고 우아한 여성이었다. 우리는 꽤 오래 이야기를 나누었다. 그녀의 작은 아파트의 분위기는 나도 모르게 속마음을 털어놓게 만들었다. 방의 창으로 수녀원의 안뜰이 보였는데, 가끔 수녀들이 산책하며 지나갔다. 아니엘라 야페는 융에게는 괴테의 에커만*과도 같은 존재였다. 융이 자서전을 마치는 데는 그녀의 도움이 컸다. 그 책은 융의 사후에 출판된 중요한 저술로, 그의 사상의 근본 요소들을 담고 있다.

나는 그녀에게 큰 감사를 느꼈다. 융과의 연결 고리에서 중요

---

*   요한 페터 에커만(Johann Peter Eckermann, 1792~1854). 말년 괴테의 조수로 『괴테와의 대화』를 남겼다.

한 한 부분이었기 때문이다. 그녀가 나를 융 박사님과 만나도록 해주었다. 그날 오후 그녀는 엄청난 가치를 지닌 서류, 융 교수가 직접 쓴 열 장이나 되는 편지를 내게 전해주었다.

편지의 내용

여기에 두 통의 편지를 싣는다. 내 편지도 첨가하는 이유는 융 박사의 마지막 편지는 내 편지에 대한 답장이기 때문이다. 영어로 쓰인 박사의 편지는 이미 언급한 것처럼 병환으로 인해 마치지 못한 상태이다. 편지에는 1960년 9월 14일로 서명되어 있지만, 실제로 융은 한 달 전쯤부터 써 내려가기 시작했다. 이미 마지막이 올 것을 염려하는 상태였다. 그는 1961년 6월 6일에 사망했다.

    1960년 5월 7일, 뉴델리

    융 박사님께

박사님의 지난번 편지는 제게 정말 중요했습니다. 어떻게 감사를 드려야 할지 모르겠습니다. 주신 말씀은 큰 도움이 되었습니다. 말씀마다 많은 진실을 담고 있었습니다. 하지만 누구나 그것을 이해하지는 못하겠지요. 만일 자신을 고립시켜 자신의 완성만을 고려한다면 현재의 문제를 해결할 수 없을 것이라고 많은 사람들은 생각할 것입니다. 그리고 이렇게도 말할 겁니다. '그럼 대중은 뭐지?' 그리고 이런 상황에서 자신을 완성한 듯 가장하는 것은 범죄적인 이기주의라고 비난할 것입니다. 하지만 사실 이런 사람들은 정신이 자신에게 미치는 영향을 모르는 것 같습니다. 정신은 테이프 레코더나 주파수를 받고 송출하는 라디오와 같습니다. 언젠가 다음과 같은 재미있는 이야기를 들은 적이 있습니다. 인류가 악의 극한에 도달했으니 세계를 파괴해달라고 천사들이 하나님께 요청했습니다. 하지만 하나님은 잊힌 세계 한구석을 가리켰습니다. 그곳에서는 어린 소녀가 기도를 하고 있었습니다. 그러면서 이렇게 대답했습니다. "오직 저 아이 때문에 나는 세계를 파괴하지 않겠다." 이 소녀는 그저 기도를 했을 뿐이지만 온 세상을 구원한 것입니다. 의식의 정신이 세계를 바꾸는 것이 아니라, 무의식의 정신이 세계를 바꾼다고 할 수 있습니다. 한마디로, 세계를 바꾸는 것은 무의식입니다. 이런 이유에서 의식적인 수단이나 이성 또는 일의 수행을 이용하여 무의식을 변형하고 수정하는 것은 의미가 없습니다. 마법이나 연금술과 같은 고대의 방법을 사용하는 것, 그리고 고대인의 태도를 수용하는 것이 유일한 길입니다. 하지만 오랜 세월 동안 그런 식으로 존재해왔고, 그런 방식을 사용해온 인도는 그것을 다 써버려서 이제 더 이상은 결과가 나오지 않을 것 같습니다. 동양의 다른 곳도 마찬가지입니다. 반면에 서양은 합리적 방식을 다 써버려서 그것을 계속 고집하다가는 자신이나 인류의 불행을 초래할 뿐입니다.

분명 변화가 필요합니다. 이런 이유로 저는 토인비 교수께, 백인은 이제 뒤로 물러나 다른 사람들이 세계의 일을 다루도록 해야 한다고 말했습니다. 영혼불멸을 증명할 합리적인 방법이 없는 것처럼, 마르크스주의의 논리나 역사적 유물론의 논리에 맞설 합리적인 방법은 없습니다. 영혼불멸에 대한 증거는 이성에 의존하지 않는 방법에서 찾을 수 있습니다. 오늘 합리적으로 확실하다고 여겨지는 것이, 내일은 더 이상 그렇지 않습니다. 이성으로만 이해하기에는 세상은 너무 불확실해졌습니다. 비합리적인 출처에서 나온 사고를 가진 인도인들은 이제 서양의 합리적인 무엇인가를 필요로 하며 조금씩 그것을 배우기 시작했습니다. 반면 서양은 비논리적인 것을 배워야만 합니다. 오직 그것만이 공산주의, 국가 권력의 성장과 개인 노예제도에 맞서 싸울 수 있는 방법이기 때문입니다. 그러나 절대적인 진리는 없다는 것이 여전한 진리입니다. 모든 것은 한낱 창조물입니다. 오스카 와일드는 "자연은 예술을 모방한다"고 했습니다. 자연이 무의식적인 의지를 따른다는 점에서 그의 말은 옳습니다. 주변 환경에 맞게 몸 색깔을 바꾸는 도마뱀부터 당대의 유행과 특정 시기의 이상적 아름다움에 따라 몸매를 가꾸는 여성에 이르기까지 그것은 항상 동일한 문제입니다. 믿음, 확신은 지속되고 반복되면서 실재를 낳을 수 있습니다. 마르크스주의자들의 신념과 경제 발전 법칙은 사실 진리가 아닙니다.

하지만 더 강력하고 근본적으로 다른 믿음 혹은 확신의 반대 없이 그것들을 계속 믿고 반복한다면, 그것들은 자신들을 지지해주는 강력한 의지 때문에 간단히 실재의 가치에 도달하게 될 것입니다. 세상에는 어떤 종류의 법도 없으며, 존재하는 모든 것은 그저 믿음이거나 생각일 가능성이 있습니다. 그것이 법을 가능하게 합니다.

토인비 박사는 인간이 시대의 도전에 대한 적절한 대답을 찾으면 역사가 바뀔 수 있다고 말했고, 정신을 바꾸는 수단으로 프로파간다를 사용할 필요가 있다고 단언하셨는데, 원칙적으로 그 말씀이 맞습니다. 그분은 정신의 힘을 믿습니다. 하지만 그분의 오류는 변화를 의식적으로 만들 수 있다는 생각에 있습니다. 공산주의자들은 그런 생각을 우리보다 훨씬 더 잘 다룰 겁니다. 서양과 세계에는 끔찍한 결과가 되겠죠. 왜냐하면 박사님 말씀처럼 오늘날의 우리는 어떤 다른 관점도, 자연적인 보상도, 전체성도 없이 전과 똑같은 합리적 태도를 지나치게 고집하기 때문입니다. 이 난국에서 벗어나는 유일한 길은 박사님이 주장하셨던 것, 즉 상징을 되살리거나 과학과 연금술 사이의 잃어버린 연결 고리를, 더 정확히 말하자면 과학과 영혼 사이의 잃어버린 연결 고리를 찾는 것이라 할 수 있습니다. 왜냐하면 과학 자체가 상징, 즉 투사이기 때문입니다. 삼라만상 Univers을 정복하려는 열망, 그리고 질서와 조화의 구현인 천지만물 cosmos을 뒤엎으려는 욕구로 과학은 인류가 성취해야 했던 전체성 혹은 전일성*이라는 오랜 욕망을 다시 실현할 수 있습니다.

기독교인들은 자신의 내면을 바라봐야만 하고, 자신의 찢긴 영혼 안에서 방법을 찾아야만 합니다. 그래야 자신을 마법사로 바꿀 수 있고 더 이상 말들을, 말씀verbum†을 신성모독하지 않고 사용할 수 있습니다. 박사님께서 강조하셨듯이, 말은 우리 시대에 그 마력을 잃었습니다. 말은 더 이상 세계를 창조하지 않습니다. 이제 말은 아무것도 아닙니다. 그러므로 마법사는 말을 해서는 안 되고, 오직 몸짓을 해야 합니다. 그는 무의식으로부터 나온 생각을 전개해야만 하고, 그런 생각은 세상을 변화시킬 수 있습니다. 이것은 대단히 어려운 과제입니다. 그리고 박사님 말씀처럼, 오늘날 이 과제를 맡을 만한 힘이나 용기를 가진 사람은 아무도 없습니다. 그것은 정말로 어려워서 사람들은 차라리 다른 행성으로 가거나 하늘을 날거나, 아니면 세상을 폭파시키는 것이 낫다고 생각할 것입니다. 그런 일들이 달성하기가 훨씬 쉬우니까요.

전체성이나 전일성을 달성하는 것은 굉장히 어려운 과제입니다. 수년 동안 저는 말하기와 쓰기가 아무것도 이루지 못한다고 생각해왔습니다. 그것들은 그저 오해만 불러일으킬 뿐입니

---

* wholeness. 전 생애에 걸쳐 발달하는 정신의 복잡성과 통합에서 나타나는 감각.

† 요한복음 1장 1~3절. "태초에 말씀이 계시니라. 이 말씀이 하나님과 함께 계셨으니 이 말씀은 곧 하나님이시라." 라틴어 'verbum'이 우리말 성경에서는 '말씀'으로 번역된다.

다. 활동은 존재에 대항할 뿐입니다. 그럼에도 불구하고 저는 계속 쓸 것입니다.

크리슈나무르티는 오늘날 대가大家나 구루를 따르는 것, 혹은 세상을 향상시키려는 것은 더 이상 쓸모가 없다고 했습니다. 해야만 하는 단 한 가지는 조용히 있는 것이라고 했습니다. 하지만 그는 아직도 세계 곳곳에서 강연을 계속하고 있습니다. 언젠가 그에게 왜 말을 하려고 애쓰느냐고 물었습니다. 그랬더니 이렇게 대답했습니다. "꽃이 그 향기를 뿜는 것과 같은 맥락에서 그 일을 합니다. 꽃은 왜 그렇게 하는지 모릅니다. 하지만 그것이 꽃의 자연스러운 표현 방식입니다." 그래서 저는 또 물었습니다. 그가 말하는 것을 좋아하는 것은 아닌가 하고 말입니다. 이 말에 그는 말을 하면 지치기 때문에 좋아하지 않는다고 대답했습니다. 꽃이 향기를 뿜으면서 지치는지 궁금합니다.

오늘날 우리에 대한 모든 것은 악해 보입니다. 그리고 몇 가지는 심하게 그렇기도 합니다. 성서에 나오는 세상의 종말의 징후가 아닐까요? 힌두인들이 말하는 '칼파'* 이론이 맞을까요? 아틀란티스를 삼켜버린 것과 같은 대홍수를 우리 눈앞에 두고 있는 것은 아닐까요? 씨를 뿌리는 사람은 씨를 뿌렸고, 예상했던 숫자가 뿌리를 내려 싹을 냈습니다. 나머지들은 중요하지

---

* 칼파(Kalpa, 劫). 힌두교에서 우주의 창조와 파괴가 반복된다는 기간을 말한다. 우주의 창조신인 브라흐마의 하루 시간으로 1칼파는 43억 2,000만 년이다.

않습니다. 땅은 이제 쟁기로 갈렸고, 다음번에 씨가 많이 뿌려질 때까지 휴식을 취할 겁니다.

지금 기독교인들이 가야 할 고난의 길은 박사님이 보여주셨습니다. 혹은 누군가가 말했듯, 박사님이 재발견하셨습니다. 이 길을 발견하기가 얼마나 힘드셨을까! 그래서 헤르만 헤세가 박사님을 '거대한 산'이라고 불렀을 겁니다. 저는 많은 사람들이, 심지어 박사님 제자들까지도 박사님을 이해한다고 생각하지 않습니다.

로카르노에서 차크라에 대해 질문드렸던 것이 기억납니다. 박사님은 그것을 '의식의 중심'이라고 말씀하셨고, 산스크리트어 이름을 알려주셨습니다. 그런데 얼마 뒤 야코비 박사와 같은 문제에 대해 이야기를 나누었는데, 야코비 박사는 차크라는 의식의 중심이 아니라 에너지의 중심이라고 했습니다. 하지만 저는 박사님 말씀이 옳다는 것을 압니다. 왜냐하면 저는 경험을 통해 제 몸에서 의식의 별개 영역이라고 불릴 만한 것을 발견했기 때문입니다. 가끔 이른 아침에, 제 몸의 여러 다른 부분들로부터 꿈이 제게로 온다는 느낌을 받았습니다. 예를 들어 몇 가지 꿈은 무릎에서부터 나와, 잠에서 깬 뒤에도 그것을 느낄 수 있었습니다. 제가 합리적인 사고로 그 꿈들을 중단시키지 않는 한 진동을 계속하고 무릎에서 생산된 이미지들, 그곳에 보존되어 있던 이미지들이 강물처럼 저의 의식을 향해, 혹은 낮의 빛을 향해 흘러갑니다. 이것들과 같은 또 다른 진리들은 심장이나 배에서 올 수 있습니다. 바로 이런 이유에서 저는 전체적인 존재를, 모든 차크라를 완전히 의식하는 것은 연금술사의 존재처럼, 별과 행성처럼 둥글다고 생각합니다.

모든 것이 어떻게 귀 기울이는 법을 배우는가에 달려 있습니다. 우리 안에는 상상하는 것 이상으로 많은 것을 알고 있는 영역들이 있습니다. 예를 들어 저의 무릎은 더 많은 것, 적어도 제 머리가 아는 것과는 아주 다른 것을 알고 있습니다. 듣는 행위를 통해 신비로운 중심에 도달할 수도 있을 겁니다. 그 중심은 박사님의 말씀대로 전혀 존재하지 않는 것으로, 우리가 발명했다고 생각되는 것입니다. 하지만 또한 실제로 우리 주변을 에워싼 채, 그것이 없다면 우리는 아무것도 아니라며 우리를 억누르는 것이기도 합니다. 이 신비한 중심이 없다면 우리는 죽은 자를 묻고 있는 죽은 자일 것입니다. 어떤 의미에서 그 신비한 중심은 우리의 아들이지만 동시에 우리의 아버지이기도 합니다. 아버지인 아들, 〈자기〉입니다. 융 박사님, 박사님의 오랜 경험에서 기법을 통해, 어쩌면 박사님의 기법을 통해서라도 〈자기〉에 도달해 사람 자체가 변하고 그의 무의식의 중심을 바꿀 수 있는 사람을 만난 적이 있으십니까? 개인적으로 저는 그것이 불가능하다고 생각합니다. 그것은 타고나는 것입니다. 어떤 사람들은 이런 천부적인 재능을 가진 것 같습니다. 왜 그런지는 저도 모릅니다. 아무도 모릅니다. 하지만 인간은 그렇게 서로 아주 다르게 태어났습니다. 일종의 계시가 있는 것도 같습니다. 그러나 그것조차도 천부적 재능보다는 덜 강력한 것 같습니다. 아마도 자연의 이 선택은 인도인이 카르마*와 환생이라 부르는 것과 관계가 있을 겁니다. 박사님의 작업이나 저의 작업은 아직 태어나지 않은 사람에게서만 열매를 맺을 수 있습니다. 오늘의 일은 내일 열매를 맺을 것입니다. 미래 어느 때에 태어날 사람이 다시 우리 중 한 사람일 수도 있습니다. 그럼에도 불구하고 시간은 허깨비이기 때문에, 우리의 작업은 즉각적인 결과를 맺는 것입니다.

안부를 전하며,

미구엘 세라노

다음은 위의 편지에 대한 융 박사의 답장이다.

1960년 9월 14일, 퀴스나흐트 취리히 제슈트라세 228번지

세라노 씨께

1960년 5월 7일자 당신의 편지는 너무 방대해서 어디서부터 대답을 시작해야 할지 모르겠습니다. 내가 제시한 것으로 보이는 우리 현대의 문제를 해결하는 길은 실은 하나의 과정, 우리

---

* '업'으로 번역되며, 인도의 종교에서 인과율 개념이다. 현재의 행위는 그 이전 행위의 결과로 생기는 것이며, 그것은 또한 미래의 행위에 대한 원인으로 작용한다.

시대의 사회적, 도덕적, 지적 그리고 종교적 부족함에 직면한 한 사람의 현대인인 나에게 강요된 과정입니다. 나는 단 하나의 대답, 즉 나의 대답만을 줄 수 있다는 사실을 인정합니다. 그 대답은 보편적으로 유효하지는 않지만 제한된 수의 동시대 개인에게는 충분할 것입니다. 나의 주요 원리는 다음과 같습니다. 의지를 따르고, 체험을 통해 그것이 당신의 것임을 확인하며, 당신의 개체성의 진정한 표현을 따르라는 것입니다. 그런데 동료와 밀접하고 책임감 있게 관계를 맺지 않고서는 아무도 자신의 개체성을 인식할 수 없기 때문에, 자신을 찾으려 할 때 절대 이기주의의 사막으로 물러나지 말아야 합니다. 대부분의 사람들은 아주 많은 사람들과 깊고 무조건적인 관련을 맺을 때만 자신을 발견할 수 있고, 자신을 그들과 비교할 수 있으며, 그들로부터 자신을 차별화할 수도 있습니다. 극도의 이기주의에 빠진 누군가가 에베레스트산의 고독 속으로 물러난다면, 그런 사람은 자신의 고귀한 거주지의 안락함은 잘 알겠지만 자기 자신에 대해서는, 즉 이전에 알지 못했던 자신에 대해서는 어떤 새로운 것도 발견하지 못할 것입니다. 인간은 일반적으로 그런 상황입니다. 인간은 자아성찰을 할 수 있는 동물이지만, 마찬가지로 의식을 가진 다른 종의 동물들과 자신을 비교할 수는 없습니다. 인간은 은하계의 작은 행성에 추방된 최고의 동물입니다. 그가 자신을 모르는 것은 바로 이 때문입니다. 그는 우주적으로 고립되어 있습니다. 인간이 자신에 대해 확실하게 말할 수 있는 것은 자신이 원숭이가 아니고, 새도 아니며, 물고기도 아니고 나무도 아니라는 것뿐입니다. 그가 진정 무엇인지는 여전히 불분명합니다. 오늘날의 인간은 별과 별 사이가 이어지기를 꿈꿉니다. 다른 별의 사람들과 접촉할 수 있다면 우리는 아마 우리 자신에 대해 근본적인 어떤 것을 알게 될 길을 찾을 수 있을 겁니다. 그런데 현재 우리는 '인간은 인간에게 늑대'*라는 사실이 끔찍한 현실이 될 것 같은 시대, 우리를 넘어서는 어떤 것을 알아야 할 필요가 절실한 그런 시대에 살고 있습니다. 달이나 금성이나 화성으로 여행하는 공상과학소설이나 비행접시에 대한 구전 지식은 우리가 가진 희미하지만 강렬한 욕구, 현재의 의식 세계 저편에서 새로운 육체적·정신적 토대를 찾으려는 그런 욕구의 결과입니다. 19세기와 20세기의 철학자와 심리학자들은 인간 속에서 '테라 노바'†, 즉 무의식을 찾으려 했습니다. 그것은 정말 대단한 발견이었고, 여러 면에서 우리에게 새로운 방향을 제시해줄 수 있습니다. 금성인과 화성인에 대한 우리의 가설이 순전히 추측에 기반을 둔 것인 반면 무의식은 인간 체험의 범위 안에 있습니다. 그것은 거의 감지할 수 있는 것이기에 어느 정도 익숙하지만, 다른 한편으로는 이해

---

* 호모 호미니부스 루푸스(homo hominibus lupus). 티투스 마키우스 플라우투스의 희극 「아시나리아」(기원전 195년)에서 "lupus est homo homini"라는 구절로 처음 사용되었으며, 인문주의자 에라스무스나 철학자 토머스 홉스도 이 말을 사용했다.

† terra nova. 미개척 분야, 신개발지라는 뜻.

가 힘든 이상한 존재입니다. 제가 원형이라고 부르는 것을 검증 가능한 가설이라고 가정할 수 있다면, 우리는 일종의 의식을 갖고 있으며 그들만의 영적 삶을 영위하는 자율적 동물들과 마주하게 됩니다. 우리는 적어도 부분적으로는 그런 영적 삶을 생존하고 있는 사람에게서뿐 아니라 수 세기의 역사적 과정에서도 관찰할 수 있습니다. 우리가 그것을 신이라고 부르든 악령 혹은 환상이라고 부르든 상관없이, 그것은 존재하고 기능하면서 매 세대마다 새롭게 태어납니다. 이들은 개인에게 그리고 집단의 삶에 엄청난 영향을 주며, 친숙하기는 해도 우리 인간과는 이상하게도 동떨어져 있습니다. 이런 후자의 특성 때문에 과거에 신이나 악령이라고 불리기도 했습니다. 그리고 그 때문에 우리의 '과학' 시대에는 원형을 본능의 정신적 표현으로 이해하기도 합니다. 그것들이 습관적이고 일반적인 상황이나 사고 유형을 보여주기 때문입니다. 원형은 기본 형태지만 명백하거나 인격화되거나 다른 식으로 구체화된 이미지는 아닙니다. 그리고 명백한 이미지가 변화할 때도 사라지지 않는 높은 단계의 자율성을 갖습니다. 예를 들어 보탄*이라는 신에 대한 믿음은 사라졌고 더 이상 아무도 그를 생각하지 않지만, 원래 보탄이라고 불렸던 현상은 남아 있습니다. 이름 외에는 아무것도

---

* Wotan. 게르만 신화 속 신들의 아버지. 오딘(Odin) 혹은 보단(Wodan)이라고도 불린다.

바뀌지 않았습니다. 국가사회주의*가 우리에게 엄청난 규모로 입증했듯 말입니다. 하나의 집단 운동은 수백만 명의 개인으로 구성되며, 각 개인은 보탄주의 증세를 보이고 이를 통해 보탄이 실제로는 절대 죽지 않았으며 원래의 활력과 자율성을 유지하고 있음을 증명합니다. 우리의 의식은 우리가 신들을 잃어버렸다고 상상할 뿐입니다. 하지만 실제로 신들은 여전히 존재하며, 자신들의 힘을 완전히 되찾을 특정한 일반 조건만 있으면 됩니다. 이 조건이란 새로운 방향과 적응이 필요한 어떤 상황입니다. 만일 문제가 명확하게 이해되지 않고 제대로 된 해답이 제시되지 않는다면, 이 상황을 표현하는 원형이 개입하여 그런 시대를 특징짓는 반응을 불러옵니다. 이 경우에는 보탄이 그것입니다. 특정 개인들만이 좋은 조언을 듣고 받아들일 수 있기 때문에, 보탄이 다시 여기에 있다는 경고의 목소리에 누구나 주의를 기울일 것 같지는 않습니다. 그들은 오히려 함정에 빠질 것입니다.

우리는 우리의 신들을 거의 잃었고, 우리 종교의 현재 상황은 일반적으로 세계 상황에 대해, 특히 공산주의라는 '종교'에 대해 어떤 효과적인 답변도 주지 못합니다. 그렇기 때문에 우리는 1920년대, 국가사회주의 전의 독일과 똑같은 곤경에 처해 있

---

* National Socialism. 독일어로는 Nationalsozialismus. 국가사회주의 추종자를 나치(Nazi)라 부른다.

습니다. 즉, 우리는 한 걸음 더 나아갔으나 이번에는 세계적인 위기, 보탄주의 실험의 위기에 직면해 있는 것입니다. 이는 정신적 전염병과 전쟁을 의미합니다. 원형이 무의식적으로 별자리를 이루고 의식으로 이해되지 않을 때, 우리는 원형에 사로잡혀 치명적인 목표를 향하도록 강요당하고 있음을 깨닫지 못합니다. 보탄은 우리의 궁극적인 행동 원칙을 표현하고 공식화하기는 하지만, 결코 우리의 문제를 해결하지는 못합니다.

우리 행동의 표준을 고대의 신이 만들고 규정한다는 사실은 우리가 새로운 종교 형태를 찾아야 하며, 강한 지배에 대한 우리의 예속 상황을 새롭게 인식해야 함을 의미합니다. 필연적으로 개인에서 시작해야 하는 새로운 자기 이해 없이 이것이 과연 가능한지 모르겠습니다. 우리에게는 인간을 다른 영적 동물들과 비교하고 새롭게 정의 내릴 수단이 있습니다. 우리는 임의적인 이기주의나 제한된 의식인 '자유 의지' 대신 원형의 힘으로 작동되고 조작되는 인간 존재에게 객관적인 빛을 비추어 새로운 상황에 있는 인간을 볼 수도 있습니다. 인간은 자신의 주인이 아니라는 것을 알아야만 합니다. 운명의 실제 지배자로 보이는 심리 세계의 다른 면을 세심하게 공부해야 한다는 사실을 배워야만 합니다.

나는 이것이 단지 '경건한 소원'이라는 것, 그것을 성취하려면 수 세기가 걸린다는 것을 압니다. 하지만 매 시대마다 인간의 진정한 인생 과제가 무엇인지를 인식하고 있는 소수의 사람들이 있습니다. 이들은 후세를 위하여, 통찰력이 더 깊고 일반적인 수준에 도달할 시대를 위하여 전통을 지킵니다. 우선 소수의 길이 바뀔 것이고, 몇 세대 안에 더 많이 변화될 것입니다. 하지만 보편적인 정신이 이 세대 혹은 다음 세대에서 눈에 띄게 변화할 가능성은 거의 없습니다. 현재의 인간은 어떤 의미에서는 자신이 스스로에게 낯선 사람이라는 사실을 깨닫지도 못하고 있기 때문입니다. 하지만 그런 통찰력을 가질 수 있는 사람은 얼마나 고립되었든 상관없이 동시성의 법칙을 알고 있습니다. 옛 중국의 격언에 따르면 "자기 집에 앉아 바른 생각을 하고 있는 사람의 소리는 수만 리 밖에서도 들린다"고 합니다. 선전도 과시적인 고백도 필요하지 않습니다. 만일 보편적인 원형, 즉 그 자체로 항상 어디서나 동일한 원형을 한 곳에서라도 논한다면 그것은 전체로, 다시 말해 동시적으로 어디에나 영향을 끼칩니다. 어떤 늙은 연금술사가 제자를 다음과 같이 위로했습니다. "네가 얼마나 고립되었고 얼마나 고독하다고 느끼든 너의 일에만 충실하고 성심껏 일한다면, 모르는 친구가 와서 너를 찾을 것이다."

제 생각에 정말로 근본적인 것은 아무것도 사라지지 않았습니다. 왜냐하면 그것의 모체는 항상 우리와 함께 존재하고 있고, 필요하다면 복제할 수 있고 복제할 것이기 때문입니다. 현재의 여론이 내뿜는 눈부신 빛에서 눈을 돌리고, 일시적인 슬로건의 소음에 귀를 닫는 사람들은 그것을 되찾을 수 있습니다.

네덜란드의 철학자 물타툴리*가 "진정 진실한 것은 없다"라고 말했을 때, 그는 옳지만 여기에 '그 말 또한 정말 진실하지는 않다'라고 덧붙여야만 합니다. 지성은 심오한 진술을 할 수는 있지만 절대적인 진리란 존재하지 않는 법입니다. 누군가가 돈을 잃었으면 돈은 없어진 것입니다. 절대적인 진리의 경우에도 마찬가지입니다. 진리를 잃으면 어떤 지적 깊이를 통해서도 위안받지 못합니다. 믿을 만한 진실 같은 것이 있습니다만, 우리는 그것을 시야에서 놓쳤습니다. 우리의 도박성 지성의 결과입니다. 지성을 위해 우리는 도덕적 확실성을 희생했는데, 그로 인해 열등 콤플렉스 외에는 얻은 게 없습니다. 부차적으로 말하자면, 이 콤플렉스는 서양식 정략의 특징이기도 합니다.

존재는 행위이며 창조입니다. 그러나 우리의 존재는 우리의 자아의지Ego-will에만 의존하는 것이 아니기 때문에, 우리의 행위와 창조는 무의식의 지배에 크게 의존합니다. 나는 나의 〈자아〉의 의지일 뿐만 아니라, 창의적이고 활동적이도록 만들어졌습니다. 조용히 있는 것은 지나치게 활동적인 사람 혹은 잘못된 방식으로 활동적인 사람에게만 좋을 뿐입니다. 그렇지 않으면 그것은 부자연스러운 책략으로, 본성을 불필요하게 방해합니다. 우리는 성장하고 꽃피우고 시들어갑니다. 그리고 죽음은 마

---

* Multatuli(1820~1887). 네덜란드의 작가, 철학가. 본명은 에뒤아르트 다우어스 데커르(Eduard Douwes Dekker). 물타툴리라는 라틴어 필명으로 더 잘 알려져 있으며 '나는 많은 것을 견뎠다'라는 뜻이다.

지막 적막입니다. 적어도 그렇게 보입니다. 그러나 그것은 완전히 우리가 그 안에서 행위하고 창조하고 혹은-다른 말로 하면-살고 있는 우리의 정신, 즉 뜻과 의미에 달려 있습니다. 이 정신은 하나의 진리 안에서 자신을 표현하거나 드러내 보입니다. 그 진리는 나의 온 존재에게 확실하고 절대적으로 증명된 것입니다. 끝없이 흔들리는 지성이 '그러나, 만일but, ifs'과 함께 늘 다시 온다고 해도 말입니다. 이것을 억압해서는 안 됩니다. 오히려 당신의 진리를 향상시킬 기회로 환영해야 합니다.

당신은 동양과 서양의 두 훌륭한 대표자를 선택했습니다. 크리슈나무르티는 완전히 비합리적으로 해결책을 고요에게, 즉 어머니 자연의 한 부분인 자신에게 남겨둡니다. 반면 토인비는 신념들이 만들어지고 형성될 수 있다고 믿고 있습니다. 개인이라는 꽃이 활짝 피어 펼쳐지는 것이 살아 계신 하나님의 실험적이고 의심스러우며 당혹스러운 작품이라는 사실을 아무도 믿지 않습니다. 우리는 하나님께 우리의 눈과 귀와 식별하는 정신을 빌려와야 합니다. 이런 것들은 수백만 년의 세월 동안 잠복되어 있다가 대략 6,000년 전에, 다시 말해 의식의 역사적 연속성을 문자의 발명을 통해 처음 눈으로 볼 수 있게 된 그 순간에 빛을 보게 되었습니다.

우리에게는 진리나 고대 이집트의 것과 유사한 자기 이해가 절실히 필요합니다. 저는 고대 이집트의 자기 이해가 타오스 푸에블로 마을*들에 여전히 살아 있는 것을 발견했습니다. 의례를 주관하는 그들의 족장, 즉 늙은 오크와이 비아노(산의 호수)는 이렇게 말했습니다. "우리는 세상의 지붕에 사는 사람들입니다. 우리는 아버지인 태양의 아들들입니다. 우리는 매일 그가 떠올라 하늘을 가로지르는 것을 도와줍니다. 우리는 이것을 우리 자신을 위해서뿐만 아니라, 미국인들을 위해서도 합니다. 그러니 그들은 우리의 종교에 간섭해서는 안 됩니다. 만일 그들이 (선교사들을 통해) 계속 그렇게 우리를 방해한다면, 10년 후에는 더 이상 태양이 떠오르지 않는 것을 보게 될 겁니다." 그는 미국 합리주의의 편협함으로 인해 그들의 낮, 그들의 빛, 그들의 의식과 그들의 의미가 파괴될 경우 그런 것들이 죽을 것이며, 전 세계를 그렇게 취급할 경우 전 세계에도 똑같은 일이 일어날 것이라고 정확하게 추측합니다. 내가 도달할 수 있는 최고의 진실과 가장 밝은 빛을 찾으려고 애쓰는 이유는 바로 이 때문입니다. 이제 나는 최정점에 도달하여 더 이상 그것을 넘어설 수 없게 되어 나의 빛과 보물을 지키고 있습니다. 아무도 그것을 얻을 수 없으며, 만일 내가 그것을 잃는다면, 나 자신이 제일 심하게 심지어 절망적으로 부상을 입게 될 것이라는 확신을 갖고 말입니다. 그것은 나에게뿐 아니라 창조주의 어둠에도 가장 소중한 것입니다. 창조주는 자신의 창조물에게 빛을

---

* Taos Pueblo. 아메리카에서 가장 오래된 거주지로 추정되는 곳. 푸에블로족의 타오스어를 사용하는 원주민 부족이 살던 도시.

비추기 위해 인간을 필요로 합니다. 만일 신이 자신의 세계를 예견했다면, 세계란 그저 의미 없는 기계이고 인간 존재는 쓸모없는 변덕에 불과할 것입니다.

나의 지성은 후자의 가능성을 상상하지만, 나의 전 존재는 그것에 대해 '아니요'라고 말합니다.

당신의 진실한 벗,
C. G. 융

To H. Exc. The Ambassador Mr. Miguel Serrano.

Dear Sir,

Your letter of May 7th 1960 is so vast, that I don't know where to begin in answering it. The way towards a solution of our contemporaneous problems I seem to propose is in reality the process I have been forced into as a modern individual confronted with the social, moral, intellectual and religious insufficiencies of our time. I recognize the fact, that I can give only one answer, namely mine, which is certainly not valid universally, but may be sufficient for a restricted number of contemporary individuals. Inasmuch as my main tenet contains nothing more than: that will and that way which your experience confirms to be your own i.e. the true expression of your individuality. As nobody can become aware of his individuality unless he is closely and responsibly related to his fellow beings, he is not withdrawing to an egoistic desert, when he tries to find himself. He only can discover himself, when he is deeply and unconditionally related to some and generally related to a great many individuals, with wh-

융이 저자에게 보낸 1960년 9월 14일자 편지의 첫 장

the Americans also. Therefore they should not interfere with our religion. But if they continue to do so (by missionaries) and hinder us, then they will see, that in ten years the Sun will rise no more."

He correctly assumes, that their Day, their light, their consciousness and their meaning will die, when destroyed through the narrowmindedness of American Rationalism, and the same will happen to the whole world, when subjected to such treatment. That is the reason, why I tried to find the best truth and the clearest light I could attain to and since I have reached my highest point I can't transcend anymore, I am guarding my light and my treasure, convinced that nobody would gain and I myself would be badly even hopelessly injured, if I should loose it. It is most precious not only to me, but above all to the Darkness of the creator, who needs man to illuminate his creation. If God had foreseen his world, it would be a mere, senseless machine and Man's existence a useless freak.

My intellect can envisage the latter possibility, but the whole of my being says "no" to it.

Sincerely yours
C.G. Jung

융이 저자에게 보낸 1960년 9월 14일자 편지의 마지막 장

또 다른 만남

1961년 1월 23일, 나는 다시 융 박사를 만나러 갔고, 그의 서재에서 이야기를 나눴다. 박사는 자신의 책들과 예술 작품들에 에워싸여 있었다. 늘 그렇듯 손에는 파이프를 들고 있었다. "이것은 스위스의 발명품입니다." 그가 말했다. "물통이 달려 있어요."

"후카* 같은 것이군요." 내가 말했다. 융은 미소를 지었고, 나는 그에게 인도를 떠날 것이라고 말했다. "『주역』으로 점을 쳐봤는데, 그렇게 하라고 괘가 나왔습니다."

"시키는 대로 해야 합니다." 그가 충고했다. "그 책은 실수하지 않기 때문입니다. 어떤 경우에도 개인의 정신과 세계 사이에는 확실한 관련이 있습니다. 환자의 유형을 구분하기 힘들 경우 저는 환자에게 천궁도†를 만들게 합니다. 그렇게 만든 천궁도는 항상 만

---

*   담배나 대마를 피우기 위한 물담배의 일종. 물통을 통과시킨 연기를 흡입한다.
†   한 사람의 출생 순간과 같은 특정 시간의 태양과 달, 행성 그리고 기준선을 표현하는 점성술의 도표 또는 도해.

든 사람의 기질과 유사합니다. 저는 그것을 심리학적으로 해석합니다. 세계와 정신 사이의 유사성은 아주 강해서 3차원적 시간의 발명과 아이디어는 정신의 구조가 반영된 것이라 할 수도 있습니다. 그래서 환자들의 꿈을 분석하는 것만으로 2차 세계대전을 예측할 수 있었습니다. 보탄이 항상 그들의 꿈에 나타나곤 했기 때문입니다. 하지만 1차 세계대전은 예측하지 못했습니다. 스스로 예감하긴 했지만, 그 당시는 꿈을 분석하지 않았기 때문입니다. 모두 41개의 꿈을 분석했는데, 그 꿈들은 중병이나 죽음을 암시했습니다."

융 박사가 말하는 동안 나는 그에게서 눈을 떼지 않았다. 그는 평소와 같이 생기 넘치고 활력이 가득했다. 그의 눈길은 유머러스하면서도 동시에 꿰뚫어 보는 듯했다. 그가 손에 끼고 있는 반지가 다시 눈에 들어왔다. 그는 요점을 말할 때면 강조하기 위해 몸을 앞으로 숙였다가 긴장을 풀면서 다시 의자에 기대며 진자처럼 움직였다.

나는 인도에서 지내는 동안 상키아 철학자들이 '링가 샤리라'* 라고 부르는 것, 또는 신지학자가 영체†라고 부르는 것의 존재를 조사하려고 오랜 시간 노력했다. 이 경험들에 대해 편지로 융 박사에게 얘기한 적도 있다. 꿈에서 내 안에 자신만의 이미지를 만들 수

---

* linga sharira. 영체 혹은 아스트랄체. 숙슈마 샤리라(sukshma sharira)의 다른 이름.
† Astral Body. 아스트랄체라고도 한다. 여러 종교적 교리나 신비주의 교리에서 주장하는, 인간과 그의 영혼을 에워싸고 있는 눈에 보이지 않는 구름과 같은 덮개로 물질적인 육신이 죽은 뒤에도 살아남아 있다고 한다.

있는 별도의 몸이 있음을 느꼈다고 말했다. 올더스 헉슬리*가 델리에 왔을 때 그에게도 이 이야기를 한 적이 있었다. 그는 D. H. 로런스가 임종할 때 곁에 있었는데, 그것은 특별한 경험이었다고 했다. 로런스는 마치 방구석에 서서 침대에 누워 있는 자신의 모습을 보고 있는 것처럼, 자신이 자기 몸에서 나가는 것을 느낄 수 있다고 헉슬리에게 말했다고 한다. 나 역시 이런 이상한 체험에 대해 달라이 라마에게 이야기했다. 나는 언젠가 그에게 영체의 자발적인 분리가 가능하다고 생각하는지 물었는데, 그는 이렇게 대답했다. "네, 명상 중에 가능합니다. 경전은 이 과정의 세 가지 단계를 이렇게 설명합니다. 첫째는 자신에 대한 객관적인 집중, 둘째는 정신의 분리입니다. 정신은 자아를 인지할 때 자아의 한 부분이며 동시에 그 부분이 아니기도 합니다. 셋째는 개인이 더 이상 자신의 부분이 아닌 상태, 혹은 동일한 의미를 가진 것에 침투당한 상태입니다……."

나는 융 박사에게 이 대화에 대해 이야기했고, 그의 대답은 이랬다. "이 모든 체험들은 주관적인 것으로, 집단적으로 검증할 수는 없습니다. 아마 그것들은 집단 무의식으로 간주될 수 있을 겁니다. 그럼에도 불구하고 링가 샤리라의 가능성을 가설이라며 부정하는 것은 잘못입니다. 왜냐하면 나는 영매들이 먼 거리에 있는 대상들을 움직이는 것을 직접 보았기 때문입니다."

그래서 나는 그가 구스타프 마이링크를 아는지 물어보았다.

---

*   Aldous Huxley(1894~1963). 영국의 소설가, 비평가.

"그는 자신의 책에 매우 흥미로운 경험을 쓰고 있습니다." 내가 말했다.

"그를 만나본 적은 없지만, 그의 작품들은 읽었고 그것들이 매우 중요하다고 생각합니다. 그의 작품 『녹색 얼굴』*에는 깊은 진실이 담겨 있습니다."

"오래전에 어떤 체험을 했는데, 박사님께 말씀드리고 싶습니다." 내가 말했다. "아주 어릴 적 저는 보통 밤이면 제가 자신으로부터 분리되거나 떨어져 나가는 것을 느끼곤 했습니다. 이런 기분은 항상 진동을 동반했는데, 제 발바닥에서 시작해서 몸을 따라 죽 올라왔습니다. 이 진동은 강도가 달랐지만, 너무 강력해져서 죽을까 봐 두려웠습니다. 특히 어느 날 밤이 기억납니다. 그때 진동이 거의 견딜 수 없을 만큼 심했는데 갑자기 제 앞에 대야가 나타났습니다. 마치 명령이라도 받은 듯이 저는 대야에 담긴 이상한 액체에 손을 넣어 그것을 몸 전체에 끼얹었습니다. 그러자 진동이 곧 멈췄습니다. 그런데 이 현상은 더 이상 꿈이라고는 할 수 없는 상황에서 일어났습니다. 그것은 완전히 현실적이었습니다. 사실, 평범한 지각보다 훨씬 높은 단계에 있는 현실이었습니다. 하지만 제 몸으로 다시 돌아와 침대에 있는 자신을 발견했을 때는 현실의 이 강도를 결코 유지할 수 없었습니다. 수년간 저는 그와 유사한 현상을 자발적으로 만들어보려고 노력했습니다."

---

*   *Das grüne Gesicht*. 1916년 출간된 구스타프 마이링크의 소설.

융 박사는 이렇게 추측했다. "제가 말했듯이 그런 것들은 모두 주관적 체험이고, 집단적으로 증명할 수는 없는 것입니다. 당신이 진동이라고 부른 것은 아마 꿈이거나 그저 집단 무의식의 발현일 것입니다."

나는 융 박사의 대답에 실망했다. 그는 이 비밀들을 꿰뚫어 볼 능력이 없는 것 같았다. 그 슬픈 순간에 나는, 그의 모든 연구는 옛 진리들을 설명할 새로운 용어를 만들어내는 것일 뿐이라는 느낌이 들었다. 나는 달라이 라마에게도 비슷하게 실망한 적이 있었다. 그는 나의 현상들에 대해 공개적으로 말해주지 않았고, 옛날 교리에 의존해서 자신의 의견을 뒷받침하기 위해 경전을 인용했다. 아마 교회의 수장이 종교재판소 임원들 앞에서 그렇듯 달라이 라마도 자신을 드러내기 두려웠던 것 같다. 조직화된 종교 교리에 기반을 둔 조직체나 과학적 심리학 학파를 책임지는 것은 늘 무거운 과제이다.

융이 순전히 주관적이라고 했던 내 개인적 체험에 대해 어떤 지도나 설명을 듣지 못하리라는 것을 나는 깨달았다. 그리고 내 직감에만 의존해야 한다는 것을 알았다. 융이 일찍이 그랬듯이 '칼날 위'를 위태롭게 오직 혼자서 걸어야 했다.

"이 모든 것을 환자가 아닌 사람과 이야기하는 것은 즐거운 일입니다." 융이 말했다.

"저는 헤르만 헤세도 만나봤습니다." 내가 말했다. "우리는 꽤 오래 요가에 대해 이야기했습니다. 그는 옳은 길이란 단순히 자연과 일치하는 길이라고 했습니다."

"그게 나의 철학이기도 합니다." 융이 대답했다. "인간은 자신의 본성에 따라 살아야만 합니다. 그리고 자기 인식을 얻기 위해 노력해야만 하고, 그런 뒤에는 이미 얻은 자신에 대한 진리를 따르며 살아야 합니다. 당신은 채식 호랑이에 대해 무엇이라고 말하겠습니까? 당연히 제대로 된 호랑이가 아니라고 말하겠죠. 하지만 인간도 똑같이 개별적으로 그리고 집단적으로 자신의 본성에 맞게 살아야 합니다. 이런 방식에 대한 가장 좋은 예를 인도에서 찾을 수 있고, 가장 나쁜 예는 러시아라고 생각합니다. 러시아는 대단한 조직을 가진 국가입니다. 하지만 농업 실패에서 분명히 보았듯 그 조직은 기능을 발휘하지 못합니다. 러시아 사람들은 인간이 진정 무엇인지 알려 하지 않습니다. 그들은 철저하게 인간을 합리적이고 기계적인 대상으로만 취급하려 합니다. 그들에게 정말 필요한 것은 농업 이론을 고안하는 것이 아니라, 인간에 대한 이론을 세우고 개념을 도입하는 것입니다. 언젠가 아주 귀족적이고 품위 있는 노부인을 만났었는데, 세련미의 가장 아름다운 이념에 따라 생활했습니다. 하지만 밤에는 술에 취하는 꿈을 꾸곤 했는데, 그 꿈속에서 엉망이 되도록 취했답니다. 사람은 본래의 자신이어야만 하고 자신만의 개체성, 즉 의식과 무의식 사이의 한가운데에 있는 개인성의 중심을 발견해야만 합니다. 우리는 이런 이상적인 지점을 향해 매진해야 합니다. 자연이 우리를 인도하려는 것처럼 보이는 그런 지점으로 말입니다. 오직 그 지점에서부터만 인간은 자신의 욕구를 만족시킬 수 있습니다."

융 박사는 말을 멈췄다. 잠시 뒤 내가 말했다. "힌두인들은 타인의 '다르마'*안에서 완벽하게 성취하는 것보다는 자신의 다르마 안에서 부분적으로 성취하는 것이 더 낫다고 말하는데, 그와 같은 의미인 듯합니다."

"바로 그렇습니다."

"융 교수님." 내가 물었다. "박사님의 시스템이 서양 밖에서도 기능한다고 믿으십니까? 정신이 분리되지 않는 그런 곳에서도 말입니다. 예를 들면 인도에는 신경증 환자가 없습니다. 그리고 제가 아는 한 버마†나 인도네시아, 태국이나 중국에도 없습니다. 그런 나라의 사람들은 서양적, 기독교적 의미에서 '개인person'이 아니기 때문에 그렇다고 생각됩니다. 우리가 처음 로카르노에서 만났을 때 박사님께서 말씀하셨듯이, 페르소나는 기독교가 북유럽 사람들에게 모든 억제와 통제할 수 없는 추진력으로 갑자기 들이닥쳐 생긴 결과입니다."

"맞습니다." 융이 조용히 생각에 잠겨 대답했다. "그리고 특히 인격 개념을 없애는 것을 목표로 하는 공산주의 같은 집단 체제와 불교와 같은 종교 시스템이 동양에서 그렇게 쉽게 받아들여진 것

---

* 다르마 또는 담마(dharma)라고도 한다. 한자권에서는 법(法)으로 번역한다. 일반적으로 최고의 진리, 종교적 규범, 사회 규범(법률, 제도, 관습), 행위적 규범(윤리, 도덕) 등 넓은 범위에 걸쳐 규범의 의미로 사용되고 있다.

† 현재의 미얀마.

은, 바로 이러한 인격의 결여 때문이라고 생각합니다……."

전에도 그랬듯이 시간은 알아차리지도 못한 사이에 무척 빠르게 지나갔다. 나는 창 너머로 오후의 그림자가 드리워지는 것을 볼 수 있었고, 박사를 피곤하게 하는 것이 두려웠다. 하지만 자리를 뜨기 전에 하나 더 말하고 싶었다.

"얼마 전 헤세와 점심을 함께할 때, 저는 그와 같은 식탁에 앉아 있는 행운에 대해 누구에게 감사를 드려야 할지 물어봤습니다. 그가 대답하기를, 그것은 그저 우연이 아니라고 했습니다. 왜냐하면 꼭 만나야 할 손님들만 그곳에 오기 때문이라면서요. 그는 '비밀 클럽'에 대해 이야기했습니다." 융이 부드럽게 웃으며 말했다. "맞습니다. 정신은 정신을 끌어들입니다. 꼭 만나야 할 사람들만 만납니다. 우리는 무의식에 의해 지시를 받는데, 무의식이 알고 있기 때문입니다."

하지만 그의 말을 듣고 있을 때 의심이 들기 시작했다. 융이 그렇게 스스럼없이 얘기하는 무의식이란 정확히 무엇일까? 마이링크는 이렇게 말하곤 했다. "만일 성모 마리아가 무의식 안에 있다면, 무의식은 성모 마리아다……."

융이 이야기를 계속했다. "언젠가 기차를 탄 적이 있는데, 어떤 장군이 제 옆에 앉았습니다. 우리는 서로 이야기를 나눴고, 그는 제가 누구인지 모르는데도 자신의 꿈에 대해 말했습니다. 그런 지위에 있는 사람으로서는 일반적인 일이 아닙니다. 그는 자신의 꿈이 허무맹랑하다고 했습니다. 그의 꿈을 듣고 난 뒤에 저는 그 꿈들

중 하나가 그의 인생 전체를 바꾸어놓았다고 얘기해주었습니다. 그렇지 않았더라면 그는 지성인의 삶을 살았을 것이라고 했습니다. 장군은 놀라서 제가 마녀이기라도 한 듯, 아니면 적어도 투시력을 갖기라도 한 듯 쳐다보았습니다. 하지만 사실 그것을 알려주고 지시한 것은 무의식이었습니다. 장군은 무의식적으로 답을 찾고 있었기 때문에 제 곁에 앉았던 것입니다." 융은 미소를 지었고, 그의 눈에 기이하게 먼 빛이 어렸다. "같은 방식으로 저는 당신의 삶에 대해 깜짝 놀랄 만한 어떤 것을 이야기해드릴 수 있습니다……."

그러면서 융은 몸을 앞으로 숙이더니 내 눈을 똑바로 응시했다. 늦은 오후의 그늘 속에서 그의 몸이 자라 점점 더 커지는 것 같았다. 나는 아브락사스의 화신을 눈앞에서 보고 있는 것 같았다. 갑자기 오한이 들더니, 이 강력한 존재로부터 울려오는 아득한 목소리가 태고의 메아리처럼 주변을 에워싸고 윙윙거리는 소리가 들리는 것 같았다.

죽은 자를 위한 일곱 가지 설교*

1925년에 융은 이상한 책을 한정판으로 출간했다. 익명으로 출간되었고, 사후에 회고록이 출간되면서 그의 저작권이 공개적으로 인정되었다. 그 작품은 자동 글쓰기의 예例라고 할 수 있다. 마치 '다른 세계' 또는 그가 말하는 집단 무의식이 불러주는 것을 받아쓴 것 같은 글이었다. 그에게 그 글을 불러준 '사람'은 원형, 대가 혹은 현자였다. 이 영혼의 원형을 처음 만났을 때부터 융은 관계의 긴장과 고통 속에서 살았다. 그는 이 이상한 목소리를 듣지 않으려 애썼지만 동시에 그 소리에 굴복했다.

융은 자신의 영혼 깊은 곳에 숨은 비밀을 밝히며 자기 앞에 나타난 이 고대의 현자에게 필레몬Philemon†이라는 이름을 붙여주었

---

*   *Seven Sermons to the Dead*(라틴어 제목: *Septem Sermones ad Mortuos*). 1916년 융이 자비 출판한 책으로, 7편의 신비주의적 혹은 그노시스적 글이 수록되어 있다. 제목 아래에는 '동서양이 만나는 도시 알렉산드리아의 바실리데스가 씀'이라고 적혀 있다.

†   "융에게 '정신적 실재'에 대해서 가르침을 준 최고의 선생은 필레몬이라는 인물이었다.

다. 융은 드디어 필레몬을 스케치하는 데 성공했고, 필레몬은 당시 융이 일기 형태로 썼던 『레드 북』*에서 그 윤곽을 드러냈다. 필레몬은 옛적부터 항상 계신 이†, 새벽의 보행자, 시간과 차원을 초월하여 말하는 대가나 구루와 동일하다.

칠레에서처럼 나는 인도에서도 다른 세계에 사는 존재로부터 도덕적인 원칙을 갖게 되었다고 말하는 사람들을 만났다. 융은 필레몬을 스케치했지만 이 초자연적인 존재들은 결코 육체의 형태를 취하지 않는다.

융은 필레몬이 그에게 구술해주었다는, 그가 원래 라틴어로 *VII Sermons Ad Mortuos*, 즉 『죽은 자를 위한 일곱 가지 설교』라는 제목을 붙였던 이 이상한 책을 어떻게 쓰게 되었는지 말해주었다. 그럼에도 불구하고 그는 이 책을 출판할 때 저자를 '동서양이 만나는 도시' 알렉산드리아의 그노시스파 바실리데스라는 사람으로 표기했다.

그가 이 책을 쓰기 전에 정말 이상한 일이 일어났다. 융의 집

융은 자신의 자서전에서 필레몬은 처음에 꿈에 나타났고 이후 몇 년 동안 상상을 통해서 그와 교류했다고 했다." (머리 스타인, 『융의 영혼의 지도』, 18쪽, 김창한 옮김, 문예출판사, 2015.)

* 융이 1913년부터 1959년까지 펜으로 글을 쓰고 그림을 그려 묶은 책으로, 책의 원제는 라틴어로 *Liber Novus*(새로운 책)이다. 융은 빨간 가죽 장정을 한 이 책을 '레드 북'이라 부르기도 했다. 이 책은 융이 사망한 후에도 출판되지 못하다가 2001년에야 학자들이 이 원고를 보는 것이 허락되었고, 2009년 독일과 미국에서 출간되었다. (카를 구스타프 융, 『레드 북』, 6쪽, 김세영·정명진 옮김, 부글북스 2020.)

† 구약의 다니엘서 7장 9절, 13절, 22절에서 하나님을 칭하는 이름.

은 소음으로 가득 찼고, 긴장감이 감돌고, 방에는 보이지 않는 존재들이 가득했다. 그와 그의 아들들은 이상한 꿈을 꾸었고, 그들 모두 인격화된 운명과 같은 어떤 것이 일상으로 들어와 감시하는 느낌을 받았다. 이런 모든 현상들은 책 집필을 마치는 순간 사라졌다고 한다.

책은 고풍스럽지만 약간 혼란스러운 양식으로 쓰였다. 하지만 원형의 신비로운 영향을 감안할 때 그것은 필수적이었다. 융 학파의 많은 사람들은 이 책이 유포되는 것을 반대했다. 그들은 이 책이 저자의 과학적 명성을 훼손할까 봐 두려워했고, 융을 신비주의자라고 하는 많은 비평가들의 주장을 확인시켜줄까 봐 두려워했다. 하지만 융은 회고록에서 자신이 이 책의 저자임을 스스로 밝혔다. 이 책의 독일어판은 원문 그대로이지만, 영어 번역본에는 약간 삭제된 부분들이 있다.

나는 융이 사망한 뒤에야 이 책을 보았다. 1925년에 자비 출판된 영어판이었다. 이 특별한 책에서 융은 아브락사스에 대해 다음과 같이 이야기한다.

> 한 신이 있다. 인류가 그를 잊었기 때문에 그대들은 그를 알지 못한다. 우리는 그를 아브락사스라는 이름으로 부른다. 그는 신이나 악마보다 더 모호하다……. 아브락사스는 작용이다. 작용이 아닌 것 말고는 그에게 대항할 것이 없다. 작용하는 아브락사스의 본성은 자유롭게 펼쳐진다. 작용하지 않는 것은 그렇

지가 않고, 저항하지도 않는다. 아브락사스는 태양 위에, 그리고 악마 위에 있다. 그것은 가능하지 않은 가능한 것이며, 비실재적인 실재이다. 플레로마*가 어떤 존재라고 한다면 아브락사스는 그것의 현현이다. 작용 그 자체로, 특별한 작용이 아니라 일반적인 작용이다.

그것은 비실재적인 실재이다. 명확한 작용이 없기 때문이다.

그것은 또한 창조물이다. 플레로마와는 완전히 다르기 때문이다.

태양은 명확한 작용을 하고, 악마도 그렇다. 그래서 그런 것은 우리에게 모호한 아브락사스보다 더 작용하는 것으로 보인다.

그것은 힘, 지속, 변화이다…….

…… 아브락사스의 신성神性은 알기 어렵다. 그것의 힘은 막강하다. 인간은 그 힘을 인지할 수 없다. 태양에서 최고의 선[†]을, 악에서 최하의 악[‡]을 볼 수 있지만, 아브락사스에게서는 모든 면에서 모호한 '삶', 즉 선과 악의 어머니를 본다.

---

* πλήρωμα, pléróma. '채우다' 또는 '완전하게 하다'를 뜻하는 플레로오(πλήρης, pléroó)에서 유래한 낱말로 충만, 완전, 채우는 것, 완전하게 하는 것, 채워진 것, 완전하게 된 것, 충만한 상태, 완전한 상태를 뜻한다. 기독교 신학에서 플레로마는 신의 은총으로 충만한 상태, 즉 구원받은 상태를 의미한다. 종교적 신비주의에서 플레로마는 물질계의 한계를 초월한 영역에 대한 경험 또는 초월 영역을 경험하고 있는 상태를 의미한다.

† summum bonum. 최고의 선 혹은 목적.

‡ 영어판에는 'infinum malum'으로, 독일어판에는 'infimum malum'로 되어 있다. 독일어판을 따를 경우 infimum은 '제일 아랫부분'이란 뜻이다.

삶은 최고의 선에 비해서 작고 약해 보인다. 그러므로 아브락사스가 힘에서 모든 생명력의 빛나는 원천 자체인 태양을 능가한다고 상상하기는 어렵다.

아브락사스는 태양이며, 동시에 끊임없이 빨아들이고 있는 공허의 협곡, 경멸하고 해체하는 악마이다.

아브락사스의 힘은 이중적이다. 하지만 그대들은 그것을 보지 못한다. 서로 맞서 싸우는 이 힘이 그대들의 눈에서는 소멸되었기 때문이다.

태양신이 말하는 것은 삶이다.

악마가 말하는 것은 죽음이다.

하지만 아브락사스는 거룩하지만 저주받은 말을 했고, 그 말은 곧 삶이자 죽음이다.

아브락사스는 똑같은 말과 똑같은 행동으로 진리와 거짓, 선과 악, 빛과 어둠을 만들어낸다. 그러므로 아브락사스는 무시무시하다.

그것은 먹이를 쓰러뜨리는 순간의 사자처럼 훌륭하다.

그것은 봄날처럼 아름답다.

그것은 거대한 판* 신이며 작은 판 신이기도 하다.

그것은 프리아포스†이다.

---

* Pan. 그리스 신화의 목신牧神.
† Priapos. 그리스 종교에서 동식물의 다산을 관장하는 신.

그것은 지하세계의 괴물이며 수천 개의 팔을 가진 히드라, 똬리를 튼 날개 달린 뱀들, 광란이다.

그것은 태초의 자웅동체이다.

그것은 물에 살다 뭍에도 오르며, 정오와 자정에 합창을 하는 두꺼비와 개구리의 주인이다.

그것은 공허와 결합한 충만함이다.

그것은 거룩한 생식이다.

그것은 사랑이고, 사랑의 살해자이다.

그것은 성자이고, 그의 배신자이다.

그것은 낮의 가장 밝은 빛이고, 광기의 가장 어두운 밤이다.

그것을 보는 것은 무분별이다.

그것을 아는 것은 병이다.

그것을 숭배하는 것은 죽음이다.

그것을 두려워하는 것은 지혜이다.

그것에 저항하지 않는 것은 구원이다.

신은 태양 뒤에, 악마는 밤의 뒤에 거주한다. 신이 빛에서 낳은 것을 악마가 밤 속으로 빨아들인다. 그러나 아브락사스는 세계이며, 세계의 생성과 소멸 그 자체이다. 태양신의 모든 선물에 악마는 저주를 퍼붓는다

그대들이 태양신에게 간청하는 모든 것은 악마의 행위를 낳는다.

그대들이 태양신과 함께 창조하는 모든 것은 악마에게 효과적

인 힘을 준다.

그것이 무시무시한 아브락사스이다.

그것은 막강한 창조물이며, 그것 안에서 창조물은 자신을 두려워한다.

그것은 플레로마와 그것의 무에 대한 창조물의 명확한 항의이다.

그것은 어머니에 대한 아들의 공포이다.

그것은 아들에 대한 어머니의 사랑이다.

그것은 대지의 기쁨이며 하늘의 잔인함이다.

그 얼굴 앞에서 인간은 돌이 된다.

그것 앞에서는 어떤 의문도 어떤 대답도 없다.

그것은 창조물의 생명이다.

그것은 독창성의 작동이다.

그것은 인간의 사랑이다.

그것은 인간의 말이다.

그것은 인간의 외양이며 그림자이다.

그것은 환각의 현실이다.

작별

1961년 5월 10일 수요일, 나는 융을 다시 만나보려 했다. 뭔가 이상한 충동이 나를 그렇게 하도록 이끌었다. 내가 방문하고 27일 뒤에 융은 사망했다. 외국인 친구 중에서 내가 그를 마지막으로 본 사람이었을 것이다.

마지막 순간까지도 나는 그를 만날 수 있을지 알지 못했다. 미스 베일리가 전화로 말하기를, 자신과 만나 차를 마실 수는 있지만 융은 심하게 편찮아서 누워 있다고 했다. 아무튼 나는 오후에 퀴스나흐트로 가서 미스 베일리를 만났다. 우리는 1층의 작은 응접실에 앉아 있었고, 나는 그녀에게 집을 좀 둘러볼 수 있겠냐고 물었다. 그녀는 르네상스풍의 그림과 고가구들이 있는 식당을 보여주었다. 그런 뒤 우리는 거실로 가서 앉았다. 미스 베일리는 놀라운 여성이었다. 그녀는 융의 아프리카 여행에 동행했고, 그의 생애 마지막 몇 년 동안 그를 돌보았다. 빠른 이해력을 가졌고, 당시 불안함에 흐려지기는 했지만 우아함으로 고양된 흥미로운 얼굴을 하고 있었다.

그녀는 마하트마 간디의 영국인 제자 미라벤을 떠오르게 했다. 미라벤도 간디의 인생 마지막까지 곁에 있었는데, 간디가 세상을 떠난 뒤에는 그리스에 정착했다. 간디가 없는 인도에서 더는 머무를 수 없었기 때문이다. 미스 베일리도 융이 사망한 뒤 스위스를 떠났고, 현재 영국에서 가난한 어머니들을 위한 사회사업을 하고 있다. 자신들이 추앙했던 인물들 없이 홀로 계속 살아가야 했던 두 여인의 운명에는 서글픈 점이 있다.

온전히 영국식으로 차를 마시는 동안 미스 베일리는 내가 정말 운이 좋다고 했다. 왜냐하면 그날 아침 융의 건강이 눈에 띄게 좋아져, 우리가 차를 마시고 나면 나를 만나겠다고 했기 때문이었다. 그녀는 죽음에 대해 이야기하며, 조용히 생각에 잠겨 이렇게 말했다. "C. G가 저를 비난했어요. 제가 그를 억지로 여기 땅에 붙잡아두려 한다면서요. 그분은 떠나고 싶은데 제가 그것을 막고 있다고요. 하지만 저는 그가 아직 더 살고 싶어 한다고 생각해요. 그의 날카로운 유머 감각은 명백히 그의 활력을 나타내는 것이죠."

"죽음 뒤에도 삶이 있다고 생각하십니까?" 내가 물었다.

"물론이죠." 그녀가 대답했다. "저는 융 박사님의 삶이 끝난다는 것을 상상할 수 없습니다, 이렇게요······." 미스 베일리는 전기 스위치를 끄는 시늉을 했다. 그러고는 말을 이었다. "더구나 사후세계의 가능성에 대한 심리적 증거도 있습니다. 무의식은 죽음의 문턱을 넘어서는 연속성과 생존의 감각을 담고 있습니다. 무의식은 죽음을 단순히 무시하고 두려워하지 않습니다. 박사님은 죽음에 대한 꿈을 꾸셨는데, 환상들이 이상하게도 친숙했다고 하셨습니다."

미스 베일리는 잠시 멈추더니 이야기를 계속했다.

"아시겠지만 융 박사님은 최근 며칠 동안 미국 출판사를 위해 『인간과 그의 상징들』*이라는 제목의 글을 쓰느라 아주 바빴습니다. 작업 때문에 많이 지쳤습니다. 모든 걸 손으로 쓰셨고 지금 80쪽을 완성했습니다. 직접 영어로 쓰고 계시는데, 독일어 구문이 의미를 혼동시킬까 염려해서이고, 영어로 의미가 더 명확해지기를 바라기 때문이죠."†

미스 베일리가 차를 한 잔 더 따라주면서, 엘지 보드머나 니논 헤세와 똑같은 말을 했다. "제 생각에 융 박사님과 당신 사이에는 엄청난 유대 관계가 있는 것 같습니다. 박사님은 당신을 만나면 늘 아주 쾌활하고, 오늘 당신이 오기를 기대하셨어요."

그녀는 잠시 말을 멈췄다가, 볼링겐 탑‡을 아느냐고 물었다. 이 탑은 융이 볼링겐이라고 불리는 시골의 호숫가에 세운 것이다. 그는 어떤 충동에 의해 이 집을 지었는데, 건축양식 또한 그가 꾼

---

* *Man and His Symbols*. 1961년 융이 사망하기 전 마지막으로 쓴 책으로, 제자들과 공동 집필했다. 1964년에 처음 출판되었으며 국내에서는 『인간과 상징』으로 번역되었다.
† 이 에세이는 계획과 달리 미국에서 출간되지 않았다. 너무 어렵고 모호했기 때문이다.
‡ Bollingen Tower. 취리히 오버제 호수 근처 볼링겐 마을에 있는 융의 집으로, 네 개의 탑이 있는 작은 성이다. 융은 어머니가 돌아가신 후 1922년 이 땅을 사서 다음 해에 2층짜리 원형 탑을 지었다. 거주하기 위한 석조 구조물로 1927년, 1931년, 1935년에 증축하여 네 개로 연결된 건물이 되었다. 평생 동안 융은 매년 몇 달을 볼링겐에서 보냈다. 현재 가족 신탁 소유이며 일반인에게 공개되지 않는다.

꿈에 따라 결정되었다. 볼링겐 탑은 융이 〈자기〉 이념을 돌로 표현하려고 시도한 것이기에 그의 모든 심리학적 구조를 포함하고 있다. 전에 융은 그곳에 몇 주씩 머물곤 했으며, 자기 소유의 작은 배 한 척으로 호수를 건너갔다. 음식을 하기 위해 직접 불을 지폈고, 전기는 사용하지 않았다. 탑의 돌담에는 그노시스파와 이집트 연금술사들이 사용했던 문구들을 새겼다. 만다라와 다른 마법 상징들도 새겨 넣었다. 나는 그 탑을 본 적이 없다고 했다.

"아주 흥미로운 집입니다." 그녀가 말했다. "꼭 가보셔야 합니다. 저는 융 박사님이 거기서 의식을 수행하는 것을 도와드렸습니다. 박사님은 아침에 부엌에 들어가실 때면 냄비, 주전자, 프라이팬 같은 요리 도구 하나하나에게 인사를 건넸어요. 저한테도 그렇게 하라고 말씀하셨습니다. '이런 것들이 인사를 이해하고 고마워합니다'라고 말씀하셨어요. 박사님은 늘 같은 프라이팬과 주전자를 사용했어요. 그것들을 친구라 부르면서요. 은둔 생활의 고독 속에서 대화를 나눌 수 있는 오랜 지인들이라고 했어요. 융 박사님에게 모든 사물은 그것의 고유의 삶, 혹은 박사님께서 그들에게 부여한 삶으로 채워져 있어요."

차를 다 마시고 나자 미스 베일리가 융 박사를 만나러 위층으로 올라가자고 했다. 그녀는 융 박사가 피곤할까 염려되니 대화를 짧게 해달라고 부탁했다. 그래서 나는 계단을 올라 그의 방으로 갔다. 미스 베일리는 방문 앞까지 같이 온 다음 나를 혼자 들어가게 했다.

융은 전에 우리가 만났을 때처럼 창가에 앉아 있었다. 하지만 그날은 일본식 제례복을 입고 있었다. 그래서 늦은 오후의 햇살 속에서 마법사 혹은 고대 제식의 사제처럼 보였다. 내가 방에 들어서자 융은 일어서려고 했다. 나는 급히 그를 말렸다. 그에게 동양에서 가져온 작은 선물을 건넸다. 그것은 카슈미르산 터키석 상자로 몬타뇰라에서 헤세에게도 같은 것을 선물했다. 융은 주름진 손으로 그것을 받아 살펴본 후 이렇게 말했다. "카슈미르산 옥이군요. 나는 그곳에 가본 적이 없습니다. 벵골 지역과 인도의 북동쪽, 그리고 남쪽 지역에서는 마두라섬만 가봤습니다. 멋진 선물 고맙습니다."

나는 막 헤르만 헤세를 만나고 오는 길이며, 그와 죽음에 대해 이야기를 나눴다고 했다. 그리고 헤세에게 죽음 저편에 무슨 일이 있는지를 아는 게 중요한지 물어봤는데, 헤세는 그렇게 생각하지 않으며, 죽음이란 아마도 집단 무의식으로 들어가는 것, 아마 거기로 빠져드는 것이 아닐까라고 대답했다는 말도 했다.

"질문이 잘못됐습니다." 융이 말했다. "이렇게 물어야 했습니다. '죽음 다음에 삶이 있을 거라고 믿을 만한 어떤 근거가 있을까요?'라고 말입니다."

"삶이 있습니까?" 내가 물었다.

"초심리학적 현상이 그것을 암시합니다." 융이 대답했다. "저 자신도 그것을 나타내는 어떤 체험들을 했습니다. 언젠가 심하게 아픈 적이 있었는데 거의 혼수상태에 빠졌었습니다. 모두 제가 끔찍하게 고통받고 있다고 생각했지만, 사실은 아주 즐거운 경험을 하고 있었습니다. 마치 내 몸이 높게 떠 있는 것 같았습니다. 그리고 또 아버님이 돌아가시고 난 뒤에 몇 차례 그분을 보았습니다. 그분이 실제로 나타나셨다는 것은 아닙니다. 전적으로 저의 주관적인 현상이었을 겁니다."

"이 모든 것들이 외적이고 객관적인 것으로, 그저 정신 안에서만 일어나는 것이 아닐 수도 있지 않습니까?" 내가 물었다. "헤세도 집단 무의식에 대해 그것이 외적으로 존재하는 것처럼 말씀하셨고, 죽음이 그 상태로 **빠져드는 것**일지 모른다고 하셨습니다."

융이 말했다. "전쟁 중에 저는 뇌손상을 입은 사람들을 봤습니다. 그 손상으로 인해 대뇌피질의 기능이 마비되어 시간이나 공간에 대한 감각이 방해를 받았습니다. 그럼에도 불구하고 그들은 꿈을 꿀 수 있었고, 일부는 중요한 환각을 보기도 했습니다. 이제 이렇게 질문할 수 있습니다. 만일 뇌가 완전히 마비되면 어떤 기관이 꿈을 만드는가? 신체의 어떤 부분으로 꿈을 꿀까? 육체적인 어떤 것일까? 아니면 정신이 실제로는 뇌와 독립적으로 행동하는 것일까? 저도 모르겠습니다만, 재미있는 가설들입니다."

융은 잠시 말을 끊었다가 이야기를 계속했다. "이런 가설들을 뒷받침해줄 수 있는 다른 현상들이 있습니다. 잘 아시다시피 어린아이는 아직 자신의 〈자아〉에 대해 정확하게 정의된 감각이 없습니다. 어린아이의 〈자아〉는 몸 전체에 확산되고 흩어져 있습니다. 그럼에도 불구하고 어린아이들이 어른처럼 자아가 명확하게 정의되는 꿈을 꾼다는 것이 입증되었습니다. 그런 꿈에서 어린아이는 페르소나에 대한 또렷한 감각을 갖고 있습니다. 생리학적 관점에서 아이에게 자아가 없다면 이런 꿈들, 부연하자면 아이의 남은 인생 동안 영향을 미치는 그런 꿈들을 꾸게 하는 것은 아이의 어떤 부분일까요?"

융의 말에 귀를 기울이면서 나는 다시 한번 그의 정신의 놀라운 예리함에 깊은 인상을 받았다. 죽음의 문턱에서도 그는 여전히 탐구를 했고, 믿기를 바랐던 것이다. 하지만 그의 과학적 객관성은 그에게 증명할 수 있는 경험과 일치하지 않는 단어 하나라도 발설하는 것을 허용하지 않았다.

"오늘날 그 누구도 단어들의 뒤에 있는 것에 주의를 기울이지 않습니다." 그가 이야기를 계속했다. "그곳에 있는 근본 생각들에 대해서 말입니다. 진실하게 존재하는 유일한 것은 생각입니다. 제 연구는 이러한 생각들과 실재들에게 새로운 이름을 붙여주는 것입니다. '무의식'이라는 단어를 예로 들 수 있습니다. 저는 막 어떤 중국 선불교 신자가 쓴 책 한 권을 읽었습니다. 우리는 같은 것에 대해 말하고 있는 것 같았습니다. 이 책과 우리 사이의 차이는 같은 실재에 대해 서로 다른 단어들을 사용하는 것뿐입니다. 따라서 무의식이라는 단어의 사용은 중요하지 않습니다. 중요한 것은 단어 뒤에 있는 생각입니다."

융이 앉아 있는 의자 옆 작은 탁자 위에는 피에르 테야르 드 샤르댕이 쓴 『인간 현상』*이 놓여 있었다. 나는 융에게 그 책을 읽었는지 물어보았다.

"대단한 책입니다." 그가 대답했다. 그의 얼굴은 창백했지만, 내면의 빛으로 인해 묘하게 광채가 나는 듯했다. 동양 옷의 넓은 소매 밖으로 나온 그의 손은 마디가 불거졌지만 섬세했다. 나는 또다시 그의 손가락에 끼워진 그노시스파의 반지에 눈길을 주었고 그 상징의 의미를 물었다.

"이것은 이집트 반지입니다." 그가 설명했다. "여기 새겨진 뱀은 그리스도의 상징입니다. 이 위에 있는 것은 여성의 얼굴입니다. 아래쪽은 숫자 8입니다. 이것은 무한과 미로 그리고 무의식으로의 길을 의미합니다. 저는 반지에 있는 상징들 한두 개를 바꿔서, 그것이 기독교적 상징이 되게 만들었습니다. 이 모든 상징은 저의 내면에 완벽하게 살아 있고, 그것 하나하나가 제 영혼 속에서 반응합니다."

나는 융에게 그가 자신의 존재 안에서 과거 비밀들과의 어떤 관계를 표현하는 것 같다고 말했다. "박사님은 연결 도로를 재발견하셨습니다. 이전의 것과 같지는 않지만, 유럽 계몽의 시작과 함께 사라져버린 그 길을 말입니다. 르네상스가 외적인 고전 시대와 유대감을 발견했듯 박사님은 우리 시대를 위해 그 시대의 내적인 면과 연결시켜주신 것 같습니다. 그래서 인간의 본질적인 특성이 살아남을 수 있는 것은 박사님 덕분입니다. 마이스터 에크하르트[†]가

---

[*] 피에르 테야르 드 샤르댕(Pierre Teilhard de Chardin, 1881~1955)은 예수회 수도사 출신의 철학자이며 『인간 현상』은 1930년에 쓰였지만, 1955년에야 출판되었다.

[†] Meister Eckhart(1260?~1328?). 독일의 신학자이자 철학자.

그의 시대에 박사님과 똑같은 역할을 했었죠."

융이 말했다. "제가 하려고 한 것은 그리스도인에게 구세주가 정말 무엇인지, 그리고 부활이 무엇인지를 보여주는 것입니다. 오늘날 아무도 그것을 알려고, 아니 기억하려고 하지 않는 것 같습니다. 하지만 그 생각은 여전히 꿈 안에 살아 있습니다."

나는 레오나르도 다빈치의 그림 「수태고지」를 보러 피렌체에 갔었다고 말했다. 그림 앞에 서 있을 때 그리스도의 탄생과 함께 일어났고, 사실 그 사건과는 모순되는 베들레헴의 아동 학살이 떠올랐다고 했다. "그리스도의 죽음은 큰 주목을 받았습니다." 내가 말을 계속했다. "하지만 아무도 수많은 무고한 죽음에 대해서는 생각하지 않았습니다. 그들의 죽음은 단지 구세주의 탄생에 필요한 일로 받아들여지는 듯 보입니다. 이것은 크리슈나의 탄생과 비슷합니다. 폭군 칸사*는 크리슈나와 같은 날 태어난 지역의 아이들을 전부 처형하라고 명령했습니다. 아무튼 제 생각에 구세주의 도래는 항상 끔찍한 불공평과 연결되어 있는 것 같습니다. 이것을 긍정적인 악이라 생각할 수도 있을 겁니다. 목적이 수단을 정당화하는 것은 아닌가에 대한 의문이 늘 있습니다."

융은 잠시 침묵하다가 천천히 말했다. "흔히 희생된 사람들이

---

* 칸사 혹은 캄사. 인도 신화에 나오는 인물로 악의 힘이자 사악한 폭군. 누이인 데바키의 여덟 번째 자식이 자신에게 위험한 존재라는 예언을 듣고 데바키의 자식이 태어날 때마다 살해했지만 여덟 번째 자식인 크리슈나를 살해하는 데 실패했고 후에 장성한 크리슈나에게 살해당했다.

가장 훌륭한 자들이라고 생각하는데…….”

나는 이런 문제에 대한 우리의 논의가 본질적으로 부적절한 것인지, 초과학기술과 행성 간 여행이 가능한 현시대에 우리의 관심이 정말 구식인지 물었다. 이에 덧붙여, 미래에는 자기성찰적인 사람들에게 어떤 일이 일어날 것이라고 생각하는지 헤세에게 물어봤더니, 매우 비관적인 대답을 들었다고 말했다.

"우주 비행은 아직은 먼 일입니다." 융이 대답했다. "조만간 인간은 어차피 지구로, 그가 떠났던 땅으로 되돌아와야 합니다. 자기 자신으로 돌아와야 합니다. 우주 비행은 도피, 자기 자신으로부터의 도망일 뿐입니다. 화성이나 달로 가는 것이 자신의 존재를 인식하는 것보다 쉽기 때문입니다. 하지만 우주 정복에 관한 이 광적인 관심의 위험한 점은 그것이 인간의 극도의 불안 상태를 상징한다는 것입니다. 그 불안은 세계 인구 폭발에 대한 두려움에서 오는 것 같습니다. 어떤 면에서 우주 비행은 이러한 문제에 대한 본능적인 반응입니다."

융이 여기에 대해 좀 더 이야기를 하려 했지만, 문이 열리고 미스 베일리가 방으로 들어왔다. 나는 너무 오래 있었다는 것을 깨달았다. 동시에 이것이 마지막 만남이라는 것을 알았다. 융 역시 그렇게 느끼는 것 같았다. 미스 베일리가 융의 딸 부부가 와서 아래층에서 기다리고 있다고 말했다. 내가 융과 작별 인사를 할 수 있도록 미스 베일리는 밖으로 나갔다.

나는 그의 손을 잡고 허리를 굽혀 인사했다. 그러고는 천천히

문으로 갔다. 문간에서 그를 한 번 더 보려고 몸을 돌렸다. 동양의 옷 위에서 너울거리는 늦은 오후의 빛에 둘러싸여 그는 나를 오랫동안 쳐다보았다. 그런 뒤 손을 들어 잘 가라는 인사를 했다.

인도의 아침

그날 나는 아주 일찍 일어났다. 한여름 아침이었고, 이미 열기가 오르기 시작하고 있었다. 테라스로 나가 잔디밭에 그림자를 던지고 있는 망고나무를 바라보았다. 태양에게 인사를 보내고 요가를 시작했다. 조금 뒤 터번을 쓴 심부름꾼이 맨발로 길을 걸어오는 것이 보였다. 내 앞에 오자 그가 손을 모으고 "나마스테"라고 인사를 건넸다. '당신 안의 신께 인사드립니다'라는 뜻이다. 그가 전보 하나를 건네주었다. 나는 곧바로 그것을 열어 환한 아침 햇살 아래서 읽어 내려갔다. 다음과 같은 내용이 적혀 있었다. "융 교수님이 어제 평화롭게 영면하셨습니다." '베일리와 야페'라고 서명이 되어 있었다. 태양의 강력한 빛과 열기 때문에 나는 자리를 옮겼다.

    그날 아침 나는 히말라야로 휴가를 떠나는 네루 수상에게 작별 인사를 하기 위해 델리 공항으로 가야 했다. 네루 수상은 쿨루 밸리나 신들의 계곡으로 갈 예정이었다. 공항에 도착했을 때, 네루는 이미 비행기를 향해 가고 있었다. 흰색 옷을 입은 채 특유의 우아한 모습으로 품위 있게, 항상 그의 매력의 일부였던 영적 품위를 보이며 움직이고 있었다.

나는 몇 시간 전에 받은 전보를 네루에게 보여주었다. 네루도 융을 흠모했기 때문이다. 나는 이렇게 말했다. "아시다시피 융 박사는 인도에 큰 관심을 가졌습니다. 각하 혹은 각하의 정부가 애도의 말씀을 전한다면 깊이 감사하지 않을까 싶습니다."

네루는 잠깐 생각하더니 말했다. "여기서 개인적으로 지시를 내릴 수는 없습니다. 하지만 데사이 외교부 장관에게 저의 이름으로 애도의 전보를 보내달라고 요청해주십시오."

이렇게 해서 인도는 자신들의 문명의 심오한 가치를 이해하고 그 가치를 서구 세계에 전해주려고 열심히 일한 사람의 죽음에 참여하게 되었다. 또 하나의 위대한 서클이 만들어졌다.

나는 그날 오후와 다음 날 내내 명상으로 시간을 보냈고, 융의 이미지에 집중하고, 그림자 왕국으로 들어가는 위대한 여정에서 지금 그에게 무슨 일이 일어나고 있는지 상상해보려 애썼다. 전에 그가 이해하려 했고 『티베트 사자의 서』의 논평에 서술했던 그 의식儀式으로 들어갔는지 궁금했다. 나는 헤르만 헤세에게 편지를 썼고, 헤세는 후에 융에게 헌정된 「노이에 취리허 차이퉁」 신문 특별판에 이 편지를 실었다. 물론 융의 가족과 미스 베일리, 야페 박사에게도 편지를 보냈다.

얼마 뒤, 미스 베일리로부터 답장을 받았다. 이 편지에서 그녀는 우리 친구의 마지막을 다음과 같이 썼다.

1961년 6월 16일, 퀴스나흐트 취리히

세라노 씨께

친절한 편지에 감사드립니다. 덕분에 큰 위로를 받았습니다. C. G를 보살펴드리는 것은 큰 특권이었는데, 이제 저의 일은 끝났습니다. 저는 길을 잃고 적막함을 느끼지만, 친구들의 친절한 편지가 외로움 그리고 그가 없는 삶을 마주할 저에게 큰 힘이 됩니다. 그분은 아주 평화롭게 눈을 감으셨습니다. 마지막에는 그냥 잠이 드셨고, 떠나고 싶어 했습니다. 정말 피곤해하셨고 약해지셨습니다. 5월 17일, 아주 행복하고 평화로운 날을 보내고 난 뒤 뇌에 색전증, 즉 혈전이 생겼고 약간의 언어장애가 있었습니다. 제가 얼마나 놀랐는지 상상이 가실 겁니다. 아침 식사 중에 그런 일이 있었습니다. 하지만 며칠이 지난 뒤에 다시 회복되셨고 언어도 많이 나아졌습니다. 하지만 잘 읽을 수는 없어서 제가 책을 읽어드렸습니다. 그리고 다시 아주 평온하고 행복한 날이 지난 뒤 5월 30일, 우리는 서재의 창가에 앉아 차를 마시고 있었습니다. 그때 선생님께서 쓰러지셨는데, 그것이 그분이 서재에 계시던 마지막 순간이었습니다. 이후로는 당신 방에만 계셨습니다. 이때부터 점점 약해지셨고, 돌아가시기 이틀 전에는 어떤 먼 나라로 가서 멋지고 아름다운 것들을 보셨던 것 같습니다. 저는 그랬을 것이라고 확신합니다. 가끔 미소를 지으며 행복해하셨습니다. 마지막에 우리는 테라스에 앉아 있었고 융 박사님은 당신이 꾼 멋진 꿈 이야기를 해주셨습니다. 그분은 이렇게 말했습니다. "지금 나는 진실을 알고 있지만 아직 채워지지 않은 작은 부분이 있는데 그것마저 알게 되면 죽게 될 거야." 나중에 그분은 멋진 꿈을 꾸고는 밤에 저한테 얘기해주었습니다. 꿈속에서 높은 고원에 놓여 있는 거대한 둥근 바위를 보았는데, 바위의 아래에는 다음과 같은 말이 새겨져 있었다고 합니다. '이것은 너의 전일성과 합일Oneness의 징표니라.' 이 말을 듣고 저는 그분의 삶이 완성되었다는 것을 알았습니다. 그리고 이 마지막 날 동안 이제 그가 저를 떠나리라는 것도 알았습니다. 나는 알고 있지만 모른 척했던 것 같습니다. 그렇게 해서 다행이었습니다. 안 그러면 그분을 위해 해야 할 일을 할 수 없었을 테니까요. 그런 식으로 저는 밤낮 그분 곁에 있을 수 있었습니다.

세라노 씨, 지금은 많은 말을 할 수가 없군요. 다시 뵙기를 바랍니다. 그때는 제 마음이 한층 맑아져서 여러 가지 이상한 것들에 대해 말씀드릴 수 있을 겁니다. 저는 이제 영국으로 가서 몇 주간 머물 생각입니다. 그리고 다시 돌아와서 이 집을 계속 열어둘 겁니다. 아직 할 일이 너무 많습니다. 몇 달이 걸릴 것 같습니다. 융 박사님의 가족들은 아주 친절하십니다. 가족은 네루 수상으로부터 전보를 받았고 깊은 감동을 받았습니다. C. G는 당신을 무척 좋아했습니다. 그리고 당신과 저의 우정은 소중했고, 당신과 이야기하는 것이 저는 늘 편안했습니다.

당신이 융 박사에게 선물한 터키석 상자는 마지막 시간에 박사님이 제게 주셨습니다. 그에 대한 우리의 사랑과 존경을 생각하시어 제가 이것을 갖도록 허락해주셨으면 합니다. 이상입니다. 염려해주셔서 다시 한번 감사드립니다.

진심을 담아,
루스 베일리

꿈

1961년 10월 20일, 나는 남인도의 도시 마이소르에 있었다. 아침 6시에 융 박사 꿈을 꾸었다. 나는 그와 함께 더러운 길을 걷고 있었다. 우리는 거의 팔꿈치가 서로 닿을 정도로 붙어서 나란히 걷고 있었다. 두 세대로, 융은 아주 늙었고 나는 아직 젊었다. 그런데 어떤 남자가 다가와서 우리에게 인사를 했다. 융은 인사로 답했고, 나는 챙이 넓은 모자를 벗었다. 융이 이야기를 시작하자, 그가 나이가 아주 많아서 걷기 힘들고 지쳤다는 것이 보였다. "나는 너무 늙고 지쳤습니다." 그가 말했다. "나는 내 삶을 다 살았고, 죽을 때가 되었어요. 이것에 맞서 싸우는 것은 몸에 엄청난 고통을 줄 겁니다. 나는 이미 알고 있어요."

나는 그가 혈전을 언급하고 있다는 것을 알았다. 나는 그가 죽음이 어떤 것인지 알기 때문에 그의 육체적 고통은 지혜로 보상받을 것이라고 말했다. 수많은 과학자들은 생명이 무엇인지 알아내기 위해 노력했다. 그러나 그는 죽음을 아는 것에 관심이 있는 유일한 사람인 것 같았다. 그래서 그를 보며 물었다. "죽음이 무엇인가요?" 그가 대답했다. "죽음은 리와 타타죠." 내가 이해하지 못하자 그가 번역해주었다. "물과 돌이요."

"나는 80년 동안이나 물 뒤에 무엇이 있는지 알아내려고 했어요." 그가 말했다. "평생 나는 물속에 있었소. 이제 나는 그곳을 지나왔고, 결국 말들이 달리는 곳에 도달한 거요……."

나는 근처에 있는 관개용 수로를 내려다보았다. 물이 조금 흐르고 있었고, 그 밖에는 아무것도 없었다. 융은 놀라운 시를 읊으며 마치 깨달은 사람처럼 계속 이야기했다. 나는 그것을 들으면서 기억해두려고 했다. 하지만 곧바로 잊어야 한다는 것을 알았다. 왜냐하면 기억할 수 없는 말이었기 때문이다. 그 말은 들으며 놀라고 곧다시 잊히는 계시 같았다.

이런 체험 뒤에 절망의 감정이 나를 엄습했다. 죽음의 신비에 맞닥뜨린 기분이었고, 융이 죽음에서 돌아와 아무것도 찾지 못했고 그곳에서 아무것도 발견하지 못했다고, 아무것도 없다고 내게 말할까 봐 두려웠다. 하지만 그는 어쩌면 삶이 〈자아〉의 저편에서, 자연의 힘과 시의 언어 속에서 계속되고 있음을 가르쳐주려 했는지도 모른다.

신비한 일

앞서 나는 헤세가 사망한 뒤 큰아들과 함께 헤세 부인을 방문했음을 언급했다. 그때 몬타뇰라에서 돌아오면서 아들에게 융의 집도 보여주려고 했다.

우리는 오후에 퀴스나흐트에 도착했다. 정원을 지나 라틴어 문구가 새겨진 융의 집 앞에 섰다. 벨을 울리고 우리는 기다렸다. 잠시 뒤 내 아들 또래의 청년이 문을 열었다. 융의 손자 중 한 명이었다. 나는 내가 누구이며 용건이 무엇인지 말했다. 그러자 청년은 부모님이 집에 안 계시기 때문에 집 안으로 모실 수 없다고 했다. 내가 아주 실망해서 떠나려고 할 때, 차 한 대가 들어와 우리 곁에 멈춰 섰다. 어떤 여인이 차에서 내렸다. 융의 딸 마리아네 니후스 융 여사로 청년의 고모였다. 그녀는 나를 알아보았고, 즉시 집으로 들어가자고 권했다. 이 집은 건축가인 그녀의 오빠*가 사용하

---

* 프란츠 카를 융(Franz Karl Jung, 1908~1996). 융은 아내 엠마 융(Emma Jung,

고 있다고 말해주었다. "삶은 계속됩니다." 그녀가 말했다. "아버지는 행복해하실 거예요. 그런데 뭔가 이상한 일이 일어난 것 아세요? 나는 오늘 여기에 올 생각이 없었어요. 다른 곳에 갈 예정이었어요. 그런데 오는 도중에 여기에 멈추도록 강요받고 지시받는 느낌이 들었어요."

그 말은 이상하게 들렸지만 나는 융이 자신의 집에서 나를 다시 맞으려 한다고 믿었다. 그는 나를 모르는 사람처럼 문 앞에 서 있게 할 수 없었다. 나는 아들과 함께 융의 서재가 있는 위층으로 올라갔다. 모든 것이 거의 이전 그대로였다. 선반에는 아직도 그의 책이 꽂혀 있었지만 책상은 사라졌다. 분위기가 약간 달라졌다. 그래도 카일라스산 정상의 시바 그림은 여전히 벽에 걸려 있었다. 나는 우리의 마지막 만남과 작별을 떠올려보려 눈을 감았다. 그러자 융 박사가 창가에 앉아 있는 모습이 그려졌다.

니후스 융 여사는 아버지의 요청에 따라 융의 귀중한 연금술 서적을 대중에게 공개할 예정이라고 했다. 그런 뒤에 뭔가를 보여주겠다며 우리를 정원으로 안내했다. 호수의 풍경을 보기 위해 많은 고목을 잘라낸 것을 알 수 있었다. 그녀는 융이 그 아래 앉아 있곤 했던 어떤 나무로 우리를 데려갔다. 나무는 우듬지부터 아래까지 몸통을 따라 큰 흉터가 나 있었다.

그녀가 말했다. "아버지가 돌아가셨을 때, 퀴스나흐트에 엄청

1903~1955)과의 사이에 딸 넷, 아들 하나를 두었다.

난 폭풍이 몰아쳤어요. 1년 중 그 시기에는 절대 없는 일이죠. 폭풍이 불면서 이 나무에 벼락이 쳤어요. 아시다시피 아버지는 항상 여기 그늘에 앉아 계시곤 했죠." 나는 하늘의 불이 남긴 기다란 흉터를 바라보았고, 그것을 융이 우주의 힘의 중심에 도달했다는 신호로 받아들였다. 자연이 응답했다. 감동한 것이다. 이는 **동시성**의 한 예였다.

꿈이 내게 불안과 의심을 불러일으켰다면, 이제 나는 적어도 꿈의 무의미함에 보상을 하는 것처럼 보이는, 특별한 의미가 있는 다른 사실과 직면하게 된 것이다. 아니면 아마 내가 꿈을 잘못 해석했는지도 모른다.

그곳에 서서 나는 아들이 "여기는 정말 멋져요. 여기서 영원히 살았으면 좋겠어요"라고 말하는 것을 들었다. 아들은 호수 가장자리로 내려가 물결이 발 위에 넘실거리게 했다. 우리는 퀴스나흐트 묘지를 방문했다. 융은 가족 묘지에 묻혀 있었다. 가운데에 있는 구멍에는 빗물이 고인 거대한 둥근 돌이 놓여 있었다. 옆에는 받침돌 위에 가족의 문장이 새겨진 비석이 서 있었다. 비석의 양 옆에는 세로로 다음과 같은 라틴어 명문이 새겨져 있었다.

첫 번째 사람은 땅에서 났으니 흙에 속한 자이거니와
두 번째 사람은 하늘에서 나셨느니라.

나는 이 문구가 사도 바울의 글*에서 나온 것으로 알고 있다.

비문의 다른 글들은 융의 집 현관에 새겨진 글과 같은 것이었다.
"부르든 부르지 않든 신은 존재한다."

---

*   PRIMUS HOMO DE TERRA TERRENUS, SECUNDUS HOMO DE CAELO CAELESTIS. 고린도전서 15장 47절.

VOCATUS ATQUE NON

SECUNDUS HOMO DE CAELO CAELESTIS

PRIMUS HOMO DE TERRA TERRENUS

VOCATUS DEUS ADERIT

융이 묻힌 묘지 비석에 적힌 라틴어 명문

우리 시대의 신화

1960년 9월 14일자 마지막 편지에서 융은 이렇게 썼다.

나는 빛과 보물을 지키고 있습니다. 아무도 그것을 가질 수 없으며, 내가 그것을 잃어버리면 나 자신이 심하게, 심지어는 절망적으로 다칠 것이라 확신하면서 말입니다. 그것은 나에게뿐 아니라 창조주의 어둠에도 아주 소중한 것입니다. 창조주는 자신의 창조물을 밝히기 위해 인간을 필요로 합니다.

이 생각은 융의 사후에 출판된 회고록에 상세히 설명되어 있으며, 새벽에 태양이 뜨도록 자신이 돕고 있다고 생각하는 푸에블로 인디언 족장 오크와이 비아노의 이야기를 통해 입증되고 있다. 융은 푸에블로 인디언과 같은 초월적이고 중요한 신화를 현대인에게 찾아주려고 했다. 그리고 결국 수년간의 연구 끝에 "창조주의 어둠을 밝혀주기 위해" 인간이 필요하다는, 그의 모든 작업을 요약하는 한마디로 그것을 설명했다. 그의 열망은 바닥 없는 무의식으로, 다시 말해 신 그 자체 안으로 의식의 빛을 투사하는 것이었다. 이것이 융이 현대의 인간에게 남겨준 살아 있는 신화이다. 물론 모든 인간에게 적용되는 것은 아니다.

융 학파의 관점에서 볼 때 의식의 투사는 추론 같은 것이 아니라 오히려 개인의 신비한 '중심'에서부터 발산되는 내적 빛의 투사로, 그것은 끊임없이 역동적인 방식으로 자신을 그림자의 왕국으로 향하게 해준다.

융은 새끼를 낳고 있는 동물의 눈에서 어두운 미지에 대한 두려움을 보여주는 엄청난 고통을 목격했다. 그리고 그는 이 동물들이 우리를 필요로 하며, 우리가 세상의 본성과 그들의 고통스러운 존재의 신비를 그들에게 설명해주길 기다리고 있다고 믿었다. 오직 우리만이 그들을 빛 속으로 투사시켜줄 수 있기 때문이다. 한마디로 우리는 모든 창조물, 즉 동물, 나무, 강, 돌, 어쩌면 신 자체의 거울이다. 왜냐하면 결국 우리는 세계의 의식이며 꽃의 반영이기 때문이다. 우리가 소멸 속에서 그것을 관찰하고 전체성 가운데 드러낼 수 있도록, 자연은 영겁이 지난 후에야 우리를 창조했다. 창조물의 모든 요소는 우리가 다가오기를 기다리고 있는 신성한 대상이다.

대부분의 경우 우리는 그런 것에 시선을 보내지도, 관찰하지도 않고 그냥 지나친다. 크리슈나무르티가 이 단어들에게 준 의미에서 본다면 말이다. 다시 말해서 우리는 의식과 무의식을 통해 보거나,

그노시스파의 반지를 끼고 서재에 있는 C. G. 융

퀴스나흐트에 있는 융의 집 현관

관찰하지 못한다. 우리는 꽃이 봐주기를 기다리다 고통으로 비명을 지르고, 프라이팬이 우리의 아침 인사를 기다리고 있으며, 태양이 하늘에 떠오르기 위해 우리를 필요로 하고, 지구가 회전할 때 우리에게 도움을 요청한다는 것을 알지 못한다. 하지만 우리가 제대로 관찰하면 꽃은 우리에게 인사로 답하고, 사랑의 형태로 돌려줄 것이다. 즉시 그렇게 하지 않을 수도 있지만 적어도 우리가 대지로 돌아갈 때면 그렇게 할 것이다.

릴케는 그의 『두이노 비가』에서 융과 헤세도 동의할 만한 시 구절을 썼다.

> 그러나 여기 있음이 대단한 것이기에, 그리고 겉보기에는 우리를
> 여기의 모든 것들이 필요로 하기에, 이 사라져가는 것들,
> 묘하게도 우리와 관계가 있는, 우리, 가장 쉽게 사라지는 존재와. 한 번,
> 그때마다, 오직 한 번. 한 번 그러고는 그만. 그리고 우리도 또한
> 한 번뿐. 되풀이는 결코 없다. 그러나 이렇게
> 한 번 있었다는 것, 단 한 번이라도,
> 지상에 있었다는 것은 돌이킬 수 없을 것 같다.
> (…)
> ─그리고 이들, 사라짐으로써

살아가는 사물들은 이해한다, 그대가 그들을 찬양하고 있다는 것을, 덧없이,
그들은 우리, 가장 덧없는 존재들에 구원을 의탁한다.
그들은 원하노니, 우리가 그들을 보이지 않는 마음속에서 온전히
―오, 무한히―우리 자신으로 변용시키기를! 끝내 우리가 누구이든.

대지여, 이것이 네가 원하는 바가 아닌가, 눈에 보이지 않게
우리 안에서 되살아나기가? ― 그대의 꿈이 아닌가,
한 번은 눈에 보이지 않기가? ― 대지여, 보이지 않음이여!
무엇이, 변형이 아니라면, 그대의 가장 긴박한 위탁이랴?*

인간은 자연의 산물이다. 그럼에도 불구하고 인간은 자연에 반항한다. 자연이 인간을 받아들이지 않는 것으로 보이기 때문이다. 의심할 여지 없이 이것은 자연에 존재하는, 희생하고 반항하라고 우리를 밀어붙이는 다른 힘 때문이다. 그러나 이 힘은 우리에게 사랑하라고 충고하는 중심력의 한 양상, 혹은 한 측면일 뿐이다. 나는 이것이 진정 자연의 중심력이라는 것을 알았다. 왜냐하면 어릴

---

* 라이너 마리아 릴케(Rainer Maria Rilke, 1875~1926)가 1922년 완성한 열 편의 비가 모음집 『두이노의 비가Duineser Elegien』 중 제9 비가의 일부. 시 번역은 릴케, 『두이노의 비가/오르페우스에게 바치는 소네트』(안문영 옮김, 문학과지성사)를 참조했다.

적에 나를 에워싼 자연 세계와 완벽한 편안함 가운데 살 수 있었기 때문이다. 그러나 기쁨의 신과 함께 우리가 그의 기쁨과 슬픔의 깊이를 드러내주기를 정말로 기다리고 있는 슬픔의 신도 있을 수 있다. 연금술사들은 이렇게 말했다. "인간은 자연이 불완전하게 남긴 일을 완성해야 한다."

그리고 테야르 드 샤르댕은 이렇게 썼다. "지구의 창조력 안에 숨겨진 예수를 발견한 사람은 하나님의 얼굴을 보기 위해 대지의 어머니 팔에 안길 것이다." 그는 또 이렇게 말했다. "죽음으로 이끄는 지구의 힘 안에 감춰진 예수를 발견한 사람은 죽을 때 대지의 어머니 팔에 안기고 하나님의 품 안에서 눈뜰 것이다."

릴케가 표현했듯 우리 각자는 대지로부터 몇 마디 단어를, 어쩌면 그저 '다리', '샘', '항아리' 혹은 '과일나무'와 같은 몇 개의 단어를 가져올 것이다. 우리 각자는 저마다 자신이 가장 사랑하는 단어를 가져올 것이며, 파랑색 혹은 노란색 용담의 잔가지를 가져올 것이다. 이것은 융이 생애의 말기에 언급했고 그의 모든 연구에서 예시했던 현대인을 위한 신화처럼 보인다.

나에게는 아직 뭔가가 더 있다. 마지막 꽃, 어쩌면 순수한 창조의 꽃일 것이다. 그것은 어쩌면 전혀 자연적이지 않은 꽃일 수도 있지만, 완전히 신비한 꽃이다. 이것은 수많은 세월 동안 전해져 내려온 마법의 전통에 융이 꽂은 꽃이다. 이 실재하지 않는 꽃은 융이 〈자기〉라고 부른 것으로, 우리는 그 원圓의 한계를 알 수 없고, 그것의 중심을 어디라고 정확하게 말할 수 없다. 개인의 이러한 중심은 가설로, 존재하기는 하지만 가능성으로 남아 있는 잠재적인 것이다. 하지만 우리가 발명한 개념인 영원과 불멸에 대한 우리의 생각을 고려한다면, 이것이 난해한 개념이 아니라는 것을 알게 될 것이다. 영혼이라는 개념조차도 인간이 만들어낸 어떤 것이다. 우리는 중심과 꽃이 존재한다고 **믿어야만** 한다. 혹시 그렇지 않더라도, 절대 그렇지 않더라도 말이다. "보지 않고도 믿는 자들은 복되도다!"[*]

이 순수한 창조 행위, 순수한 비존재의 행위는 아주 근본적인 것으로 보여서, 그 행위가 일어날 때 자연 전체가 그에 반응하여 그 힘 앞에 굴복할 것이다. 그런 뒤 한 줄기 빛이 나무에 떨어져, 자연이 그 영혼의 중심에서 감동했다는 사실을 보여줄 것이다.

---

[*] 요한복음 20장 29절.

결론

히말라야의 높은 곳, 알모라시에서 어느 날 아침 나는 친구 보치 센의 이야기에 귀를 기울이고 있었다. 힌두식으로 가부좌를 하고 앉아 스페인에서 가져온 망토를 두르고 있던 그는 예루살렘 감람산에서의 체험을 이야기했다. 자신의 추억에 감동해 눈물이 그의 뺨을 타고 흘렀다. 보치 센은 오래전 취리히에서 만났던 융 박사에 관해서도 이야기했다. 두 사람은 환생에 대해 논의했는데, 당시 융은 다음 생을 고를 수 있는 기회가 있다면 이미 살았던 삶을 다시 고르겠다고 했단다.

이 말은 융 역시 헤세처럼 자신의 모든 감정을 파악하면서 삶을 충만하게 살았다는 것을 증명한다. 그들은 자신의 일에 충분히 만족했다. 왜냐하면 일은 그들에게 존재의 표현이었기 때문이다. 헤세와 융의 차이가 무엇인지 밝히자면, 융보다는 헤세가 평화롭고 고요하게 느껴졌다. 융은 마지막 순간까지 연구를 계속하는 것 같았다. 그의 길은 현자의 길과는 다른, 신과의 융합이나 평화를 갈망하는 것이 아니라 모든 불행과 함께하며 막힘없는 대로大路를 선호하는 마법사의 길이었던 것 같다. 하지만 확신할 수는 없다.

융은 한편으로는 자신이 발견한 것을 인간의 평범한 언어로 표현할 수 있는 학자였다면, 다른 한편으로는 공적으로 인정되는 학문과 상충되는 언어로 별난 체험을 서술하는 기이한 인물이기도 했다. 그는 인류의 영원한 전통에서 나온 신비에 새로운 용어를 부여했다. 이것이 내가 이 책에서 보여주려고 했던 융의 측면이다. 나는 그가 '황금 사슬'과 '비밀 클럽'에서 차지하고 있는 위치를 보여주려고 했다.

만일 내가 헤세 그리고 융과 함께 이 클럽의 일부라고 생각한다면, 그것은 내가 그들의 메시지를 이해하려고 노력했기 때문이며, 내가 그 두 사람에게서 본 것을 말하려 했기 때문일 것이다. 우리는 사물뿐 아니라 인간에 대해서도 의무가 있으며, 메시지는 대대로 전달되어야만 한다.

헤세와 융 그리고 세라노

미구엘 세라노(Miguel Serrano, 1917~2009)

칠레 출신의 작가, 외교관, 정치가로 부유한 칠레 가정에서 태어났으나 어려서 부모가 사망하여 할머니의 손에서 자랐다. 보수적이고 민족주의적 성향인 세라노는 제2차 세계대전 중에 칠레가 정치적으로 중립이었음에도 불구하고 나치 독일에 우호적인 입장을 취했다. 남극과 독일, 스위스를 여행했고, 스위스에서 말년의 헤세와 융을 만났다. 이 만남은 수차례 계속되었고 1965년에 두 인물과의 만남의 기록을 책으로 출간했다. 스페인어로 쓰인 이 책은 다음 해에 영어로 번역되어 독자들의 많은 관심을 받았다. 세라노는 1991년에 이 저서에 서문을 추가했다. 1997년에는 영어 개정판과 독일어판이 출간되었다. 세라노는 1953년부터 1963년까지 인도에 외교관으로 체류하는 동안 힌두교에 많은 관심을 가졌고, 그 후에는 유고슬라비아와 오스트리아에서 대사로 재직했다. 1970년 칠레에 사회주의 정권이 들어서자 잠시 공직에서 물러났지만,

1973년에 다시 정치에 복귀했다.

대표적인 저술로 『빙원으로의 초대 Quien ilama en los Hielos』(1957), 『시바 여왕의 방문 Las visita de la Reina de Saba』(1960), 『낙원의 뱀 La Serpiente del Paraiso』(1963), 본서인 『헤세와 융, 영혼의 편지 El Círculo Hermético de Hesse a Jung』(1965), 『노스, 부활의 책 Nos, Libo de la Resureccion』(1980) 등이 있다. 2009년에 세상을 떠났다.

헤세와 융, 그리고 세라노

세라노가 헤세를 처음 만난 것은 1951년 6월로 당시 헤세는 74세, 세라노는 34세였다. 이 책에서 세라노는 1961년까지 네 차례에 걸쳐 이루어진 헤세와의 만남에 관해 흥미로운 이야기를 전하고 있다. 그 10년 동안 세라노는 인도에서 외교관 생활을 했고 몬타뇰라에 살고 있는 헤세와 끊임없이 편지 왕래를 했다. 그는 자신을 헤세, 융과 정신적으로 같은 세계에 속하는 사람으로 생각했고, 그들의 관계를 '비밀 클럽'이라고 명명했다.

세라노는 융 역시 네 번 만났다. 첫 번째 만남은 1959년 2월 28일로, 그는 몬타뇰라로 헤세를 만나러 가는 길에 로카르노에서 휴가를 보내고 있던 융을 만났다. 세라노는 당시 83세였던 그에게서 비범함을 느꼈고, 융의 심리학과 인도에 대해 많은 이야기를 나누었다. 이때 세라노는 자신이 쓴 『시바 여왕의 방문』을 융에게 선물하기도 했다. 그는 헤세를 만나고 돌아오는 길에 한 번 더 융을 만났다. 이 두 번의 만남은 세라노에게 영감을 주었고 그는 인도에 돌아와 시바 여왕에 대한 이야기를 더 썼으며, 완성된 작품을 영어로 번역해 융에게 보냈다. 융이 보낸 답장에서는 이 책에 대한 깊은 이해를 볼 수 있었고, 나중에 세라노는 이 답장을 책의 서문으로 사용해도 된다는 허락을 받았다. 1960년 9월, 세라노는 고국 칠레로 돌아가기 전에 융을 만나러 취리히로 갔으나 그가 몹시 아픈 상태여서 만날 수는 없었다. 하지만 융이 전부터 그에게 쓰고 있던 답장을 제자인 야코비 박사를 통해 직접 전달받을 수 있었다. 이것이 편지로서는 마지막이었지만, 세라노는 이후 두 번 더 융을 만났다. 마지막 만남은 1961년 5월 10일로, 심하게 아팠던 융이 약간 회복된 순간이었다. 융은 그해 6월 6일 사망했다.

헤세의 생애

출생

헤르만 헤세는 1877년 독일의 남부 산악지대 슈바르츠발트에 위치한 작은 마을 칼프에서 태어났다. 에스토니아의 의사였던 친할아버지는 러시아 국적이었다. 헤세의 아버지 요하네스 헤세 Johannes Hesse는 인도에서 선교사로 활동하다가 독일로 와서 나중에 장인이 되는 헤르만 군데르트 박사를 도와 종교서적 출판사를 경영했다. 슈바벤 지방의 사투리에 적응하지 못한 그는 평생 고독한 손님 같은 존재였다고 한다. 반면 23년간 인도에서 선교사로 활동한 헤세의 외할아버지는 이슬람교와 불교를 포함한 다른 종교, 다른 관습과 언어에 대해 폭넓은 지식과 이해심을 가진 학자였다. 헤세의 어머니인 마리 군데르트(Marie Gundert, 1842~1902)는 인도에서 태어나 그곳에서 영국인 선교사와 결혼, 남편이 세상을 떠나자 두 아들과 함께 친정 칼프로 돌아와 있었다. 그녀는 32세 때 요하네스 헤세와 재혼, 여섯 명의 아이를 더 낳았는데 헤르만 헤세는 그중

두 번째 아이였다.

학창 시절

한동안 바젤에 살면서 스위스 국적이었던 헤세의 가정은 다시 칼프로 되돌아와 독일 국적을 취득했다. 헤세는 라틴어 학교에 입학했는데 열세 살에 이미 시인이 아니면 아무것도 되고 싶지 않다고 생각했다고 한다. 1891년 6월 국가시험에 합격한 헤세는 부모의 바람대로 목사를 양성하는 마울브론 예비신학교에 입학하게 된다. 당대의 학교 교육은 보수적이고 편협했는데, 이곳에서의 학창 시절 이야기는 『수레바퀴 아래서』(1906)에서 읽을 수 있다. 마울브론 신학교는 훗날 『나르치스와 골드문트』(1930)와 『유리알 유희』(1943)에도 아름다운 풍경의 수도원으로 등장한다. 그런데 헤세는 엄격한 학교 생활을 1년도 견디지 못하고 기숙학교를 무단 이탈, 자퇴하고 이후 5년 이상 방황의 시간을 보내게 된다.

방황, 심리 치료

열다섯 살에 신학교를 나온 헤세는 아버지의 결정에 따라 목사, 의사한테서 치료를 받고 치료원에도 들어갔지만 효과를 거두지 못했다. 시계 공장, 서점 등에 취직하기도 했지만 그 생활도 오래 계속되지 못했다. 문제는 엄격한 신앙을 강요하는 부모와의 갈등, 경건주의 신앙의 여파로 보이는 자책감과 우울증이었다. 이런 갈등은 『데미안』(1919)의 전반부에 잘 드러난다. 이후 헤세는 튀빙겐으로 가서 서점에 취직했고, 노발리스를 위시한 독일 낭만주의 시인들에 빠져서 시를 쓰기 시작했다. 22세 때인 1899년, 첫 시집 『낭만적인 노래』와 『자정 뒤의 한 시간』을 출간했지만 부모의 인정을 받지는 못했다. 헤세는 1899년에 바젤로 이주, 대형 서점에서 일하면서 1901년에는 이탈리아를 여행했다.

첫 성공

1903년 봄에 헤세는 이탈리아를 두 번째로 여행하는데, 일행 중에 사진작가 마리아 베르누이(Maria Bernoulli, 1868~1963)가 있었다. 헤세는 아홉 살 연상의 베르누이와 1904년에 결혼했다. 그해는 그가 『페터 카멘친트』로 대성공을 거둔 해이기도 하다. 헤세 부부는 농가를 개축하여 가정생활을 시작했다. 연이어 아들들이 태어났지만, 곧 헤세는 친구와 함께 일종의 도주 여행을 떠났다. '인도 여행'이라고 불리는 이 여행에서 헤세는 말레이시아, 인도네시아까지 갔지만 건강 때문에 막상 인도는 포기했다. 그가 바라보는 인도는 고대 인도였지, 계급제도에서 벗어나지 못하고 있는 식민지 인도는 아니었다. 1912년에 베른으로 이사한 후에도 헤세는 방랑자 생활을 계속했다. 당시 침체된 그의 내면은 예술가의 불행한 결혼 생활을 보여주는 소설 『로스할데』(1914)의 배경이 되었다.

세계대전, 융 심리학

프로이트와 융의 심리학은 20세기 초반 유럽의 문화계를 뒤

흔들었고 그 영향을 받지 않은 예술가가 없을 정도지만, 헤세처럼 장기적인 심리치료 환자가 된 것은 특별한 경우라고 할 수 있다. 그는 융의 제자였던 요제프 베른하르트 랑(Josef Bernhard Lang, 1881~1945)에게서 60여 회 심리치료를 받았고, 융을 만나기도 했다. 제1차 세계대전 때 헤세는 근시로 군대에 입대하지 못했다. 1919년에는 스위스의 몬타뇰라로 이주, 『데미안』을 발표해 많은 독자를 갖게 되었다. 정신과 치료는 계속되었고, 치료의 일환으로 수채화를 그리기 시작했다. 1922년에 『싯다르타』를 발표했다. 스위스 국적을 다시 취득한 후, 1924년에 루트 뱅거(Ruth Benger, 1897~1994)와 재혼했지만 두 번째 결혼 역시 오래 지속되지 못했고 1927년에 끝났다. 헤세는 요양지를 찾아다녔고 시민적인 생활에 정착하지 못했다. 『요양객』(1925), 『그림책』(1926), 『황야의 이리』(1927)가 출간되었고, 1930년에는 『나르치스와 골드문트』로 호평을 받았다.

만년

1931년에 헤세는 니논 돌빈Ninon Dolbin과 결혼하고(결혼했으나 상당 기간 각자 독자적인 생활을 했다) 이듬해에 『동방순례』를 발표했다. 1943년에 발표한 『유리알 유희』는 미래 시점인 2400년경에 어느 전기 작가가 쓴 유리알 유희의 명인 요제프 크네히트의 전기이다. 이 작품에서 명상의 대가 크네히트는 긴 수도 생활 끝에 세속으로 나와 한 소년의 스승으로 세상을 떠난다. 헤세는 1946년에 노벨문학상을 받았지만 시상식에는 참석하지 않았고 은둔자처럼 살았다. 1962년에 몬타뇰라에서 세상을 떠났다.

융의 생애

출생 및 가족

카를 구스타프 융은 1875년 7월 26일 스위스 투르가우주 케스빌에서 태어났다. 같은 이름의 친할아버지 카를 구스타프 융 (1794~1864)은 독일 마인츠 출신으로 1822년 스위스 바젤로 이주했고, 그곳에서 1864년 사망할 때까지 의대 교수로 일했다. 융의 아버지 요한 파울 융(1842~1896)은 스위스 개혁교회 목사로 바젤 출신의 에밀리에 프라이스베르크(1848~1923)와 결혼했다. 융이 아홉 살 때 여동생 요하나 게르투르트(1884~1934)가 태어났다. 1896년 아버지가 사망한 뒤에 융은 젊은 대학생으로서 어머니와 여동생의 생계를 걱정해야 했다.

학창 시절과 초기 경력

바젤에서 김나지움을 마친 융은 1895년 바젤 대학에서 의학 공부를 시작했다. 그는 정신의학을 전공했다. 아버지 파울이 바젤에 있는 정신병원에서 목사이자 자문위원으로 근무했던 것과도 관계가 있다. 1900년에 대학을 졸업한 뒤에는 취리히의 부르크횔츨리 정신병원에서 근무했다. 1902년에는 취리히 대학에서 논문 「소위 신비현상의 심리학과 병리학에 대해 Zur Psychologie und Pathologie sogenannter occulter Phänomene」로 박사 학위를 받았다. 1905년 교수자격 심사를 통과한 뒤에는 부르크횔츨리 정신병원의 수석의사로 승진하고, 취리히 대학의 교수로 임명됐다.

결혼과 스캔들

1903년 융은 스위스 명품시계 브랜드 샤프하우젠 IWC 사업주의 딸인 엠마 라우셴바흐(Emma Rauschenbach, 1882~1955)와 결혼, 네 명의 딸과 아들 한 명을 두었다. 엠마가 세상을 떠날 때까지 결혼 관계는 유지되었지만, 융은 다른 여성들과 깊은 관계를 맺기도 했다. 러시아 출신 의사이자 정신분석학자인 사비나 슈필라인(Sabina Spielrein, 1885~1942)은 융의 환자이자 제자였고, 정신분석학 논문으로 박사 학위를 받은 첫 번째 여성이었다. 융은 1906년부터 1907년까지 프로이트와 주고받은 편지에서 슈필라인의 심리치료에 관해, 1908년에는 이전의 여성 환자와의 '방종한 스캔들'에 대해 썼다. 토니라고 불렸던 안토니아 볼프(Antonia Wolff, 1888~1953)는 1912년부터 융과 함께 작업했고, 1913년부터는 더욱 친밀해졌다. 1914년 이후 몇 년간은 중요한 동료이자 연인이었으며, 많은 사람들이 토니를 융의 '두 번째 아내'라고 부를 정도였다. 융이 프로이트와 결별한 이후, 토니 볼프는 가장 중요한 조력자였다. 그러나 엠마 역시 융에게 중요한 대화 상대이자 저서의 비평가였을 뿐 아니라 그의 글을 대필해주면서 작업을 도와주기도 했다. 엠마는 1930년부터 정신분석가로도 일했는데, 그녀가 친정으로부터 받은 재산은 융이 연구에 몰두하는 데 크게 기여했다.

프로이트와의 만남과 결별

융은 1906년 지그문트 프로이트와 서신 교환을 시작했고, 다음 해인 1907년 빈에 가서 그를 만났다. 두 사람은 열세 시간 동안 대화를 나눴다. 이때 두 사람의 유사한 관심사뿐만 아니라 서로의 차이도 두드러졌다. 두 사람의 초기 갈등은 종교와 비합리성에 대한 의견 차이 때문이었다. 융은 초심리학적 현상을 진지하게 받아들였지만, 프로이트는 이를 '불합리'하다며 거부했다. 이때부터 둘의 관계는 서서히 금이 가기 시작했다. 1912년 융은 자신이 프로이트와 다르다고 공개적으로 선언했고, 1913년에는 세계정신분석협회 회장직을 내놓으면서 프로이트와 완전히 결별했다.

연구와 저서들

융은 이미 1909년 스위스 퀴스나흐트에 자신의 정신분석 의료기관을 열었고, 1912년 『무의식의 심리학』을 발표했다. 1909년에 '원형'이라는 용어를 처음 사용했고, 1921년에는 '심리 유형'을 발표했다. 1925년에는 아프리카로 여행하여 케냐와 우간다 등을 돌면서 원주민의 심리학을 이해하려 했다. 1932년 취리히 국립폴리테크닉 대학의 심리학 교수가 되어 1940년까지 학생들을 가르쳤다. 그 사이 1937년에는 인도를 여행했다. 힌두 철학은 융이 상징의 역할 및 무의식을 이해하는 데에 중요한 역할을 했다. 1944년부터 1945년까지는 바젤 대학 의료심리학 교수로 근무했고, 『심리학과 연금술』(1944)을 발표했다. 1948년에는 취리히에 카를 구스타프 융 연구소를 설립했다. 1957년 자서전 『카를 융, 기억 꿈 사상』을 출간했고, 1958년에는 전문가가 아닌 일반 대중을 위한 『인간과 상징』의 집필을 시작했다. 영어로 쓰인 몇 안 되는 저서 중 하나인 이 책은 제자들과 공동 집필했다. 책의 전체 틀은 그가 구상했고, 그중 「무의식에 대한 접근」 부분을 집필했다. 융은 만년 대부분을 이 책의 집필에 바쳤다. 1961년 융이 사망했을 때, 그가 맡은 부분은 이미 완성되었고 공동 저자들의 원고 역시 초고 상태로 융의 승인을 받은 뒤였다. 1961년 6월 6일, 융은 취리히 근처 퀴스나흐트 자택에서 85세를 일기로 세상을 떠났다.

헤세와 융, 영혼의 편지

1판 1쇄 발행	2025년 11월 6일

지은이	미구엘 세라노
옮긴이	박광자 이미선
기획·편집	하선정 김은영
마케팅	이운섭
디자인	안단테

펴낸 곳	생각지도
출판등록	제2015-000165호
전화	02-547-7425
팩스	0505-333-7425
이메일	thmap@naver.com
블로그	blog.naver.com/thmap
인스타그램	@thmap_books

ISBN 979-11-87875-53-6 (03100)

책값은 뒤표지에 있습니다.
잘못된 책은 구입하신 곳에서 교환해 드립니다.
신저작권법에 의해 보호를 받는 저작물이므로 무단전재와 무단복제를 금합니다.